NOV 1 2 1997

# KEANU REEVES

BRIAN J. ROBB

Traduit de l'anglais par
Madeleine Hébert

D1285161

EDITEUR

# Remerciements

À mon frère Steven.

Merci à FBI Information and Library Services et Mike Wingate à C&A Video.
Merci aussi à: The Directofs Guild of America; American Film Institute;
British Film Institute; National Film Theatre.

Les magazines et journaux suivants: *Film Review; The List; Vox; GQ; Sky Magazine; Esquire; Attitude; Entertainment Weekly; Sight and Sound; Empire; Premiere; U.S. Magazine; Vanity Fair; Here!; People Weekly; Daily Mirror; The Sun; News of the World; Daily Star;Village Voice; Film Threat; Fangoria; Cinefantastique; Starlog; Interview; Vogue; American Film; Time Out; What's On In London; The Face; Rolling Stone; Hello!; Monthly Film Bulletin; Time; Movieline; Variety; New Yorker; TV Guide; Film Monthly; Scotland on Sunday; The Guardian; The Daily Record; The Mail on Sunday; The Daily Mail; The Sunday Telegraph; The Scotsman; The Herald; Today; The Sunday Times; The Independent; The Evening Standard; The Daily Telegraph; Edinburgh Evening News; The Sunday Express; Spectator; Today; The New York Times; The Observer; The Daily Express.*

Pour les photographies: Alpha; All Action; All Action/PAT/Arnal/Garcia; Philip Ramey/All Action; All Action/Stills/Foto Blitz; Jean Cummings/All Action; All Action/Feature Flash; All Action/Stills/I.P.A.; British Film Institute; Corbis/Everett Collection; Range/Everett Pictures Limited; Ronald Grant; Columbia TriStar Films (UK); Castle Premier Releasing; Columbia Pictures Inc.; Entertainment Films; Takashi Seida/Twentieth Century Fox; Richard Foreman/Twentieth Century Fox; Steve Granitz/Retna; Armando Gallo/Retna; Martin Goodacre/Retna; Bill Davila/Retna; Brad Fierce/La Moine/Katz Pictures Limited; Steven Klein/Katz Pictures Limited/Outline; Brad Fierce/La Moine/Katz Pictures Limited; Alberto Tolot/Katz Pictures Limited; Brad Fierce/La Moine/Katz Pictures Limited; Scope Features/Shooting Star; Alan Markfield/Scope Features/Shooting Star; Stephen Hamels/Scope Features/Shooting Star; Takashi Seida/TriStar Pictures Inc.; People in Pictures; MCP/Time Out. Photographie de la page couverture: Feingold/Katz Pictures Limited/Outline.

Pour les extraits de films: Twentieth Century Fox; Metro-Goldwyn-Mayer; United Artists; Disney; Lorimar Motion Pictures; CBS Entertainment Production; Hemdale Film Corporation; New Lines; Paramount Pictures; Kings Road; Warner Brothers; American Playhouse; Universal Pictures; Chestnut Hill/TriStar; Odyssey/Polar Entertainment Corporation; Largo Entertainment; New Line Cinema; Columbia Pictures; Interscope Communications; American Zoetrope; Osiris Films; Pandora; BBC; Renaissance Films; Samuel Goldwyn Company; Fourth Vision; CiBy 2000; Cinevision; Alliance Communications; TriStar; Zucker Brothers Production; Fine Line; Jersey Films; Chicago Pacific Entertainment; Bates Entertainment; Kushner Locke Co.; Tapestry Films; KI; 7 Venture; New Regency; 3 Arts.

**Données de catalogage avant publication (Canada)**
Robb, Brian J.
Keanu Reeves: à toute vitesse
Traduction de: Keanu Reeves: an excellent adventure
ISBN 2-89455-031-6
1. Reeves, Keanu. 2. Acteurs de cinéma - États-Unis - Biographies. I. Titre.
PN2287.R295R6214 1997    791.43'028'092    C97-940984-5

Traduction: Madeleine Hébert. Révision: Hélène Lavery. Infographie: Christiane Séguin.

Dépôt légal 3ᵉ trimestre 1997. Bibliothèques nationales du Québec et du Canada. ISBN 2-89455-031-6.

## DISTRIBUTION ET DIFFUSION

AMÉRIQUE: Diffusion Prologue Inc., 1650, boul. Lionel-Bertrand, Boisbriand (Québec) Canada J7H 1N7. (514) 434-030
SUISSE: Transat s.a., Rte des Jeunes, 4 ter, Case postale 125, 1211 Genève 26, Suisse. 342.77.40.
BELGIQUE: Diffusion Vander s.a., 321 Avenue des Volontaires, B-1150 Bruxelles, Belgique. (2) 762.98.04.
FRANCE (Distribution): Distique S.A., 5, rue Maréchal Leclerc, 28600 Luisant, France. (02) 37.30.57.00.
FRANCE (Diffusion): C.E.D. Diffusion, 73, Quai Auguste Deshaies, 94854 Ivry/Seine, France. (01) 46.58.38.40.

Guy Saint-Jean Éditeur Inc., 674, Place Publique, bureau 200B, Laval (Québec) Canada H7X 1G1. (514) 689-640
Guy Saint-Jean Éditeur – France, 5, Avenue du Maréchal Juin 92100 Boulogne, France. (01) 41.22.05.29.

Imprimé et relié au Canada

# TABLE DES MATIÈRES

# Introduction

Keanu Reeves est devenu l'une des plus grandes vedettes contemporaines de Hollywood, surtout grâce à l'énorme succès du film d'action *Speed* (*Clanches!*). Auparavant, Keanu était perçu comme une idole des jeunes à cause de ses nombreux films d'adolescents, comme le drame controversé *River's Edge* et le bizarre voyage dans le temps *Bill and Ted's Excellent Adventure*. Toutefois, cet acteur est un être plus profond que ne le laissent croire les personnages d'écervelés qu'il joue dans ses premiers films.

Cependant, très tôt, Keanu s'attaque aussi à quelques drames d'époque plus littéraires: *Dangerous Liaisons* (*Les Liaisons dangereuses*), *Bram Stoker's Dracula* (*Dracula*) et *Much Ado About Nothing* (*Beaucoup de bruit pour rien*). Sans craindre les expériences formatrices et les défis audacieux, Keanu réussit à se créer une place bien à lui avec, par exemple, le drame délicat sur la prostitution homosexuelle *My Own Private Idaho* (*Idaho*) et le merveilleux mélodrame réaliste *Tune in Tomorrow* (*Tante Julia et le scribouillard*).

Les films de Keanu Reeves sont très différents les uns des autres. Idole des jeunes ou jeune premier, il ne manque jamais d'ambition dans sa carrière et prend son métier d'acteur très au sérieux. Parmi les jeunes vedettes hollywoodiennes comme Johnny Depp, Brad Pitt, le regretté River Phoenix et Christian Slater, il est le seul à jouer du Shakespeare, non seulement au grand écran, mais aussi au théâtre (par exemple, le rôle difficile de Hamlet qu'il interprète à Winnipeg, au début de 1995).

Depuis *Speed*, Keanu est reconnu comme un héros de films d'action; il joue ce rôle avec enthousiasme dans le thriller *Chain Reaction* (*Réaction en chaîne*) d'Andrew Davis et se défend bien vis-à-vis Al Pacino dans le suspense juridique *Devil's Advocate*. Néanmoins, il continue également à travailler avec de nouveaux réalisateurs dans des productions expérimentales à petit budget, comme le drame de caractère *Feeling Minnesota*

*Alex Winter et Keanu Reeves s'amusent à jouer les clowns dans Bill & Ted's Excellent Adventure, mais Keanu craint que les spectateurs l'identifieront désormais à son personnage de «Ted».*

*Keanu Reeves et River Phoenix prennent de gros risques avec leur image et leur public en acceptant de jouer dans* My Own Private Idaho *de Gus Van Sant.*

(*Minnesota Blues*). Il aspire même à créer un film sur l'épineuse question de l'identité véritable de l'auteur des pièces shakespeariennes.

Sa carrière, jusqu'à maintenant, lui a permis de jouer avec des réalisateurs célèbres: entre autres Gus Van Sant, Bernardo Bertolucci, Stephen Frears et Francis Ford Coppola. Ce n'est pas Keanu Reeves qui sollicite ces collaborations, mais plutôt ces créateurs qui demandent à travailler avec le jeune acteur.

Alors que les journalistes admettent parfois à contrecœur que des vedettes comme Johnny Depp et Brad Pitt peuvent livrer des performances supérieures à leur look, ils ne sont pas toujours tendres à l'égard de Keanu Reeves. Mais même si on lui reproche d'être souvent figé et inadéquat comme acteur, Keanu ne se laisse pas arrêter par ces critiques et continue de produire des films à succès qui lui assurent un statut de vedette au sommet de la dynastie de Hollywood.

Keanu s'amuse fréquemment à jouer en public son personnage

*Avec son nouveau type de héros d'action, Keanu a un énorme impact dans le thriller*
Speed *de Jan de Bont.*

d'écervelé des films de *Bill & Ted*. Il est toutefois plus intelligent qu'il ne le laisse voir et élabore soigneusement son profil hollywoodien en utilisant toutes les opportunités qui se présentent et en édifiant une solide carrière sur un talent qu'on qualifie pourtant de «limité». «Je suis encore en train d'apprendre», dit-il en interview. C'est donc son apprentissage d'acteur de cinéma que Keanu Reeves montre courageusement à tous, en s'améliorant à chaque film et en effectuant de meilleurs choix de rôles. Par contre, son besoin de tenter de nouvelles expériences et de poser des gestes contraires à son image lui donne le droit de se tromper de temps en temps. Et jusqu'ici, ses fans lui restent toujours fidèles, quel que soit le projet qu'il choisit.

Cependant, le paradoxe entre ce que certains critiques considèrent comme le talent limité d'acteur de Keanu Reeves et son succès de supervedette mondiale du cinéma nous en apprend autant sur l'univers moderne de Hollywood que sur ce jeune homme, qui utilise le système à ses propres fins. Sachant que son image peut avoir plus d'importance que ses aptitudes d'acteur, Keanu mise sagement, depuis plusieurs années, sur

*Keanu est prêt à l'action dans* Point Break.

*Il faut que ça «rock»: l'autre carrière de Keanu, comme membre du groupe rock Dogstar.*

ses avantages pour aboutir à la fusion idéale de l'image et du talent dans *Speed*, un mégasuccès au box-office.

Alors que certains critiques prétendent que Keanu Reeves est un acteur médiocre, ses fans et les cinéphiles, en général, adorent chacune de ses interprétations, ce qui propulse le jeune acteur vers des cachets de dix millions de dollars par film. Il est un personnage énigmatique à l'écran et dans la vie, une page blanche sur laquelle les spectateurs peuvent échafauder leurs propres fantasmes. L'attrait de Keanu provient donc des besoins de son auditoire, puisque son image peut s'adapter aux aspirations de divers groupes, depuis les adolescentes envoûtées jusqu'à ses fans homosexuels.

Même s'il est très flatté de l'attention qu'on lui porte, Keanu ne peut s'associer lui-même à tout l'émoi qu'il provoque. Malgré son statut de célébrité, le jeune acteur préserve jalousement l'intimité de sa vie privée. Quoique des rumeurs accolent tour à tour son nom à ceux de Pamela Anderson, de Sharon Stone, de Sofia Coppola et d'une actrice-modèle mystérieuse appelée Autumn Mackintosh, Keanu Reeves ne vit jamais, jusqu'à présent, d'histoires d'amour très médiatisées. À cause du manque d'activité hétérosexuelle tangible dans sa vie (contrairement à d'autres vedettes très connues), on se pose souvent des questions sur son orientation sexuelle. Et ces doutes, sur les préférences de Keanu en matière de sexe, sont renforcés par un rôle homoérotique au théâtre au début de sa carrière et par sa performance sans détours de prostitué bisexuel dans *My Own Private Idaho*.

Ces doutes (qui se résument par la question: «Keanu est-il gai?») atteignent, au milieu des années 90, un paroxysme ridicule avec des allégations, apparemment non fondées, de mariage sur la plage avec David Geffen (le magnat du disque et du cinéma) et d'aventure amoureuse avec un danseur de ballet. «Je ne suis pas gai, dit Keanu en démentant ces histoires, mais qui sait...»

Une telle ambiguïté sexuelle ajoute indubitablement à l'attrait qu'exerce Keanu Reeves. Il passe de son personnage («jeune, con et plein d'audace») dans *Point Break* (*Extrême limite*) en 1991, à un superhéros macho dans *Speed*, puis à une image plus nuancée dans *Chain Reaction*. Avec son nom exotique et sa beauté quasi féminine, Keanu possède beaucoup d'admirateurs des deux sexes qui ne sont pas nécessairement attirés par ses talents d'acteur. Sa nouvelle définition de la sexualité mâle au cinéma exerce une influence sur sa vie intime, et vice versa. Le jeune acteur reconnaît ces aspects de son image et de son attraction: «J'ai toujours joué l'équivalent de l'ingénue féminine. J'ai incarné, la plupart du temps, des innocents.»

Dans son parcours vers la gloire et la fortune à Hollywood, ce jeune audacieux frôle plusieurs fois la mort de près, en raison de sa passion pour la vitesse et les motos. Sa poitrine est d'ailleurs zébrée d'une énorme cicatrice, conséquence d'un accident presque fatal, en 1987. Cet événement et plusieurs autres accidents de moto poussent souvent ses amis et ses associés à se demander ce qui va lui arriver: suivra-t-il l'exemple de Johnny Depp, le «dur», ou celui, encore plus dangereux, de River Phoenix, le drogué? Ses ambitions dans le domaine du rock avec son groupe Dogstar préoccupent aussi ses conseillers, qui pensent que la nouvelle supervedette hollywoodienne met en danger une carrière lucrative au cinéma en poursuivant la célébrité comme musicien rock.

Détenu, un jour de 1993, par la police de Los Angeles pour conduite en état d'ivresse, Keanu Reeves est horrifié, à ce moment-là, de constater que sa photo d'arrestation lui rappelle son père, Samuel, un revendeur de drogues qui l'a abandonné dans son enfance. Les problèmes existentiels de Keanu dans la vie et dans ses relations proviennent largement de l'absence de son père, qu'il ne reverra plus après l'âge de treize ans. C'est ce traumatisme d'enfant qui le pousse à continuer avec énergie sa carrière, mais qui l'empêche aussi de s'engager dans des relations à long terme. La crainte que ses amis, ses conseillers et même son auditoire pourraient l'abandonner transcende sa vie.

Véritable énigme en public et en privé, Keanu Reeves fait beaucoup d'efforts pour contrôler son image. «Je suis un vrai Vierge: ordre, contrôle et perfectionnisme», avoue-t-il. Il choisit en ce moment ses rôles avec plus de soin qu'auparavant et des décisions importantes concernant son avenir devront être prises bientôt. La vie de l'acteur, jusqu'à présent, constitue donc une excellente aventure, mais maintenant que cette idole des jeunes est devenue une supervedette internationale, il doit à tout prix éviter les pièges de l'âge adulte dans la jungle de Hollywood.

## CHAPITRE 1

# Une brise fraîche

Keanu Charles Reeves naît le 2 septembre 1964 à Beyrouth, au Liban. Dans les années 60, cette région ressemble plus à la Côte d'Azur française qu'à un endroit ravagé par la guerre, comme maintenant. Son père est Samuel Nowlin Reeves, le fils mi-chinois et mi-hawaïen d'une riche famille de l'île d'Oahu, à Hawaii. Samuel travaille comme géologue pour une société pétrolière à Beyrouth quand il rencontre Patricia, une danseuse britannique dont il tombe amoureux et qu'il épouse tout de suite. Celle-ci, qui préfère être appelée Patric, a reçu une formation de costumière de théâtre.

Le couple Reeves habite Beyrouth et vit au rythme trépidant des années 60: Sam au volant de sa Jaguar XKE pourpre et Patricia, habillée d'un manteau de vison, de jeans et de bottes de cow-boy. L'argent qui permet un tel train de vie provient du grand-père paternel par alliance de Keanu, qui a fait fortune en publiant une édition jeunesse de l'*Encyclopaedia Britannica* au Canada.

Ce genre de vie ne durera pas, toutefois, et le couple Reeves rompt après deux ans de mariage. Mais avant la séparation, ils ont un autre enfant, Kim, qui est de deux ans la cadette de Keanu. Toute leur vie, le frère et la sœur resteront très attachés l'un à l'autre. Le prénom de Keanu, qui signifie en hawaïen «brise fraîche dans les montagnes», lui vient de son père. Ce prénom exotique, qui ajoute à l'image et au mystère de la jeune vedette, sera la seule chose que Reeves devra à son père, en grande partie absent de sa vie.

Samuel quitte donc sa famille avant que Keanu n'apprenne à le connaître. «Il y avait des querelles au sujet de la drogue que consommait Sam, dit Leslie, la cousine de Keanu. Ma tante [Patricia] était sortie de sa période hippie, mais pas mon oncle. En fait, il ne pouvait plus arrêter de prendre de la drogue.» Samuel Reeves ne cessera jamais d'ailleurs et, en 1994, il sera arrêté à Hawaii, puis condamné à dix ans de pénitencier pour possession d'héroïne et de cocaïne.

Après le départ de Samuel, Patricia et ses deux enfants séjournent d'abord en Australie pendant un an, avant de se rendre aux États-Unis, où ils s'installent à New York. La sœur de Keanu, Kim, évoque leur enfance nomade marquée de déménagements constants. Malgré cela, les enfants Reeves sont heureux, et la jeune femme se rappelle affectueusement son frère qui, tout jeune, démontait tous les meubles de la maison avec sa petite trousse d'outils.

En 1970, quand Keanu a six ans, Patricia épouse son deuxième mari, le metteur en scène et réalisateur de Broadway et de Hollywood, Paul Aaron. Le mariage entraîne un autre changement pour la famille, qui déménage à Toronto, le couple le considérant comme un meilleur environnement pour les enfants. Mais, moins d'un an plus tard, malheureusement, le couple se sépare. La présence brève de Paul Aaron dans sa vie pousse toutefois Keanu à s'intéresser au monde du spectacle. Tous les enfants aiment jouer pour leurs parents, mais quand l'un de ceux-ci a pour métier de diriger professionnellement des acteurs, cela fait une différence. Pour Keanu, Paul Aaron est la première personne qui prend au sérieux son intérêt grandissant pour le métier d'acteur et sera tel un «vrai» père qui le guidera plus tard dans sa carrière. En effet, ce dernier jouera un rôle crucial dans la vie de Keanu en orientant le jeune acteur sur le chemin du succès à Hollywood.

Avec l'aide de la famille de son mari à Toronto, Patricia utilise son originalité vestimentaire, son intérêt pour l'habillement et sa formation de costumière pour se tailler une carrière de dessinatrice de mode. Elle crée des vêtements, entre autres pour des chanteurs tels Emmylou Harris, Dolly Parton et David Bowie. Cette nouvelle profession signifie toutefois que, comme Samuel, Patricia n'a plus beaucoup de temps pour ses enfants. Il y a tout de même certains avantages pour le jeune Keanu, déjà doté d'un sens théâtral. «L'halloween était exceptionnelle, dit-il, parce que j'avais toujours un costume fantastique. Une année, j'étais Dracula et je portais une cape très "cool". Une autre année, j'étais Batman et ma sœur, Robin. Une fois, ma mère m'a confectionné le costume du cousin Itt, de *The Addams Family* (*La famille Addams*) et je portais une perruque géante. Mais il pleuvait à l'halloween et je me suis fait mouiller. J'avais l'air d'un gros plat de spaghettis.»

Tout en travaillant à développer sa carrière, Patricia doit aussi élever presque seule ses enfants, qui souffrent tous deux de dyslexie. Keanu et Kim éprouvent donc des problèmes d'apprentissage et ont de la difficulté à apprendre à lire et à écrire, mais la petite famille essaie de régler la situation le mieux possible. Les enfants deviennent de bons lecteurs, mais

ces débuts difficiles confèrent peut-être à Keanu plus d'affinités pour le visuel que pour l'écrit. Dès qu'il peut lire, toutefois, Keanu acquiert une solide formation littéraire, ce qui semble contradictoire avec son image publique peu intellectuelle. Il est aussi gaucher (comme on le voit dans certains de ses films), un autre trait qui le distingue des autres enfants.

Chaque fois que la famille déménage, Patricia prend un nouvel amant. La famille semble en bouleversements constants, une façon de vivre héritée du passé hippie de Patricia. Kim se souvient que l'atmosphère dans la maison reflétait la personnalité de l'amant de sa mère. «La façon dont nous vivions dépendait de l'homme du moment, confie-t-elle au magazine *People*. Quand maman était mariée à Paul, nous portions du blanc le vendredi soir pour chanter les cantiques du sabbat. Et l'été, nous allions dans des camps de vacances juifs.»

De temps en temps, Patricia doit s'absenter pour son travail et, parfois, certains de ses clients célèbres viennent la visiter chez elle. Keanu et Kim s'habituent donc aux fêtes bruyantes et au manque de sommeil. Quand Alice Cooper enregistre *Welcome to my Nightmare* dans un studio des environs, il habite chez les Reeves, un événement dont se rappelle l'ami d'enfance de Keanu, Evan Williams: «Je me souviens qu'un jour Keanu et moi on s'est battus avec Alice Cooper. Il nous a attachés ensemble comme un nœud humain.»

Keanu Reeves se rappelle aussi des visiteurs célèbres et de sa prise de conscience du monde de la drogue. «Des fois, il y avait des gens *groovy* à la maison. Je me souviens que [Alice Cooper] avait apporté une imitation de vomissure et de crotte de chien pour faire peur à la bonne. C'était un gars ordinaire, après tout. On allait aussi à des spectacles ou à des concerts. À quinze ans, un ami de ma mère m'a emmené voir Emmylou Harris, et je n'ai pas dormi de la nuit. C'était la première fois que je voyais quelqu'un sortir de la salle de bains avec de la cocaïne collée aux poils de ses narines...»

Keanu semble s'habituer assez bien à cette vie bohème et trouver son équilibre à l'école publique Jesse Ketchum de Toronto, qu'il fréquente de la maternelle jusqu'à la huitième année, en 1978. «Je ne pense pas qu'il soit jamais arrivé en classe à l'heure, se rappelle une de ses professeurs, Paula Warder. Et quand il arrivait, il n'était pas très concentré... Il laissait ses livres à la maison et oubliait ses devoirs. Il se contentait alors de sourire et retournait les chercher. Il réussissait malgré tout ses examens.» Une autre enseignante, toutefois, se souvient que dans la cour d'école Keanu jouait seul au basket-ball ou se tenait avec sa sœur Kim. Cela démontre son côté solitaire, sa peur de se rapprocher trop de ses amis et sa proximité avec sa sœur.

Malgré l'atmosphère de show-business régnant dans leur maison du quartier de Yorkville à Toronto, Keanu Reeves semble avoir, dans son enfance, les mêmes intérêts que les autres garçons. Chaque après-midi à son retour de l'école, il se gave de biscuits secs et de beurre d'arachide, puis il va livrer le journal dans le quartier. Il fréquente aussi le cinéma du coin pour voir, par exemple, des films de Bruce Lee. Chez lui, il s'occupe de son chien, un mastiff nommé Jupiter. Enfant, il mène donc une vie normale et plutôt privilégiée. De plus, peu d'enfants peuvent se vanter d'être photographiés, comme Keanu à l'âge de six ans, par le célèbre photographe Avedon!

Bientôt, Keanu et Kim ont un autre nouveau «père» dans leur vie: le troisième mari de Patricia, producteur de rock torontois, Robert Miller. De tous les «pères» des enfants Reeves, c'est lui qui restera avec eux le plus longtemps. Pendant les cinq années où il vit au sein de la famille, Robert Miller fait un autre enfant à Patricia, Karina, qui naît quand Keanu a douze ans.

La famille Reeves jouit d'un bon standard de vie à Toronto, ce que Keanu n'appréciera que beaucoup plus tard. «Il n'y a pas d'histoire de pauvreté ou de ghetto dans mon enfance, confiera-t-il ultérieurement. Quand je vois certaines choses à Los Angeles, maintenant, je m'aperçois que j'ai grandi protégé et en sécurité à Toronto. C'était un endroit fantastique: pas de graffiti, des gens "cool"... On jouait un peu aux durs en se lançant des châtaignes et en construisant des "go-karts". J'étais un garçon blanc de la classe moyenne avec un père absent, une mère forte et deux jolies petites sœurs.»

Durant son adolescence, Keanu s'adonne avec ferveur au grand sport canadien du hockey. «Keanu était plongé dans le hockey, affirme Paul Aaron dans une interview à Macleans. Il ne parlait que de ça, ne pensait qu'à ça.» Il en joue souvent avec son ami Evan Williams et entretient même des rêves d'une carrière au hockey professionnel. «Il était grand et mince, avec de longs cheveux dans le visage, se souvient John O'Flaherty, l'entraîneur de son équipe à l'époque. Il souriait tout le temps, mais il était toujours un peu débraillé.»

«C'est un jeu excitant», dit Keanu au sujet de son expérience de joueur de hockey, souvent comme gardien de but. Il arrêtait tant de lancers qu'on le surnommait «Le Mur». «C'est très dramatique, avec beaucoup de contacts physiques. Arrêter la rondelle et la garder hors du but...». Même s'il ne fera pas carrière au hockey, cette expérience sportive de son adolescence sera utile au jeune acteur pour un de ses premiers rôles au cinéma.

La passion du jeune Reeves pour le sport sera éclipsée cependant, par sa «soif du théâtre». Après avoir quitté la famille, son beau-père, Paul Aaron, reste en contact avec Keanu, qu'il invite à passer ses vacances avec lui et à visiter les plateaux de tournage où il travaille. L'adolescent assiste pour la première fois à des tournages de films et de téléfilms, comme *A Force of One*, *A Different Story* et *The Miracle Worker*. Ces expériences de vacances renforcent son désir d'entreprendre, dès que possible, une carrière d'acteur.

À treize ans, alors qu'il rêve de devenir comédien, Keanu voit son père pour la dernière fois. «Je l'ai connu jusqu'à l'âge de six ans, dit l'acteur, puis je l'ai vu de temps en temps quand j'allais à Hawaii pour les vacances. Il m'a montré à faire du patin à roulettes et à cuisiner, on allait chasser ensemble... La dernière fois que je l'ai vu, c'était un soir à Kauai. Je me souviens qu'il parlait des étoiles et disait que le monde était comme une boîte, même si je lui répétais que la terre est ronde. On a regardé les étoiles ensemble.» Après cette visite, Samuel Reeves disparaît pour dix ans et n'a aucun contact avec sa famille à Toronto. «Il ne parlait jamais de son vrai père, rappelle un ami d'enfance, Shawn Aberle. S'il était mentionné dans la conversation, Keanu changeait de sujet. Il y avait beaucoup d'amour dans la famille, en tout cas du côté maternel. Mais du côté paternel, ça laissait à désirer, et Keanu se sentait un peu seul.»

Cette solitude hantera Keanu toute sa vie. Durant ses années scolaires, il s'élève souvent contre l'autorité qui lui semble abusive. Cela lui causera des problèmes avec ses professeurs et entraînera même son expulsion d'une école. Privé de conseils paternels pour le guider dans ses années de formation, Keanu invente ses propres règles de conduite.

Pendant la période qui précède son adolescence, l'affection du jeune Reeves est partagée entre Samuel Reeves et Paul Aaron. Néanmoins, la séparation définitive d'avec son vrai père engendre chez Keanu une peur de l'abandon qui dominera ses relations durant des années. Incapable de s'attacher à personne parce qu'il craint toujours qu'on le laisse tomber, Keanu trouve sa vie amoureuse restreinte et limitée. Il consacrera donc plutôt son dynamisme et son ambition au développement de sa carrière cinématographique. Dans l'immédiat, toutefois, l'absence de père déterminera l'attitude de l'adolescent envers l'école. En neuvième et en dixième année, Keanu a 14 et 15 ans et fréquente l'école North Toronto Collegiate, où quelques enseignants dénotent chez lui une certaine tristesse. «Je ne crois pas qu'il était heureux ici», dit le professeur d'art dramatique Paul Robert. Il pense alors que Keanu est trop indépendant pour s'adapter au régime très structuré de l'école, ce qui entraîne inévitablement des conflits.

Durant son adolescence, Keanu commence à suivre des cours d'art dramatique. Il se présente aussi à des auditions pour des émissions de télévision américaines et quelques films tournés au Canada. Mais durant la même période, le jeune Reeves éprouve des difficultés à l'école. Il fréquente quatre d'entre elles l'une après l'autre, dont le collège catholique De La Salle où il échoue dans tous ses cours, à l'exception de celui de latin. «C'était le seul cours que j'aimais, affirme-t-il. J'avais beaucoup d'absences et j'étais paresseux. Dès le milieu de la onzième année, j'avais décidé de devenir acteur et l'école n'avait plus d'importance pour moi.» Sa rébellion contre l'autorité et le règlement entraîne son expulsion de plusieurs écoles secondaires et met en danger son avenir professionnel.

Le seul endroit, à l'exception de la patinoire de hockey, où le jeune Reeves peut se détendre est le cours d'art dramatique. Son professeur se rappelle de Keanu comme le meilleur élève de la classe: «Il voulait toujours aller plus loin et jouer des rôles difficiles, mais la plupart des autres étudiants n'avaient pas la maturité nécessaire.»

En passant du sport au théâtre, Keanu poursuit sa gymnastique physique et mentale. «Même quand il gardait les buts, se souvient l'entraîneur de hockey Scott Barber, il commençait à réciter Shakespeare.» Pendant son année au collège privé De La Salle, Keanu est nommé le «Joueur le plus utile», grâce à son travail de gardien de but au hockey. Quand il quitte l'école, il prend un travail d'aiguiseur de patins dans un aréna.

Puis, pour renflouer sa situation financière, Keanu travaille dans un restaurant appelé Pastissima, où il sert 50 kilos de pâtes par jour. Occasionnellement, il ferme le restaurant pour se présenter à des auditions. Mais son patron le laisse faire, car le bel adolescent a beaucoup de succès auprès des clients. Même en servant aux tables, il ne manque jamais l'occasion de se donner en spectacle, ce qui amuse beaucoup son auditoire improvisé.

C'est au collège que le jeune Reeves fait sa première expérience théâtrale dans une pièce d'Arthur Miller, *The Crucible*. Quand il pose la question «Qui suis-je?» sur scène un soir, on entend une spectatrice répondre: «Un beau mec...». C'est la première indication de l'intérêt que suscitera plus tard Keanu Reeves chez certaines personnes de son auditoire.

Pour augmenter ses chances de travailler au théâtre, Keanu s'inscrit ensuite à la nouvelle école secondaire d'art dramatique de Toronto. Il n'y a que 25 places disponibles et sa seule expérience est sa prestation dans *The Crucible*. La concurrence est forte, car les autres candidats sont beaucoup plus expérimentés que lui. Mais, à la surprise de tous (y compris de Keanu lui-même), on lui offre une place à l'école. «C'est alors devenu sa seule véritable préoccupation, confie Paul Aaron. Je veux dire tout ce que cela comprend: la voix et les gestes, le contemporain et le classique...»

Malgré tous les efforts qu'il fournit, on lui demande pourtant, peu de temps après, de quitter l'école. Selon son ami Evan Williams, cela se produit à la suite d'une chaude dispute sur la technique dramatique entre Keanu et un des professeurs. «Je ne réagis pas bien à l'autorité, admet l'acteur. Quand des gens à l'école essayaient de me dire quoi faire, ça me faisait enrager. Si je ne me sens pas libre et ne peux pas faire ce que je veux, je me révolte tout de suite.» La révolte d'adolescence de Keanu n'est toutefois pas trop grave, et il s'inscrira peu de temps après à d'autres cours d'art dramatique.

«À 17 ans, dit-il, j'ai eu ma première auto, une Volvo 122 de 1969 avec une bonne chaîne stéréo. Des amis et moi, on l'a utilisée pour aller voir le spectacle des Ramones à Buffalo. Quelle aventure! Il y avait une fille punk sur la banquette arrière avec un raton laveur sur l'épaule et la musique de Clash qui jouait très fort. Il me passait toutes sortes de questions par la tête: "Allait-on se rendre? On était des mineurs, est-ce qu'on nous laisserait entrer au spectacle?" Tu sais, boire et entendre les Ramones. On s'est bien amusés.»

Tout en profitant de ces plaisirs d'adolescent, Keanu sait bien qu'il devra travailler dur pour devenir un acteur. Retourner en classe pour suivre des cours sérieux lui semble la meilleure voie. «Ça ne s'est produit que lorsque j'ai eu 17 ou 18 ans, admet-il. J'ai commencé alors des cours du soir en art dramatique. Cela me semblait la meilleure chose à faire, surtout par respect pour le métier d'acteur. J'ai travaillé avec la méthode de Stanislavsky et expérimenté la mémoire des sens. J'ai commencé par des auditions, puis j'ai décroché des contrats et j'ai fait du théâtre communautaire.»

En 1983, après son expulsion de sa première école d'art dramatique, le jeune Reeves décide de tenter sa chance une autre fois. Chaque dimanche, il fréquente donc une école de théâtre communautaire appelée Leah Posluns. Il n'est pas le meilleur acteur potentiel qui y soit inscrit, mais il impressionne quand même la metteur en scène Rose Dubin avec un monologue de Shakespeare durant son audition. Toutefois, ce dernier monologue ne plaît pas autant aux juges du festival de Stratford, quand Keanu Reeves y passe par la suite deux auditions qui sont des échecs.

Sans se décourager, l'aspirant acteur fait son premier voyage seul et s'installe pour l'été au théâtre Hedgerow, en Pennsylvanie, où il étudie sous la direction de Jasper Deeter. À cette époque, il est envoûté par Shakespeare qu'il considère comme le dramaturge par excellence et il pense consacrer toute sa carrière au théâtre. Le cinéma ne l'intéresse pas encore, il veut avant tout devenir un «vrai» acteur.

Keanu Reeves résume ainsi cette passion: «Pour jouer Shakespeare, il faut prononcer des paroles très profondes qui provoquent une excitation en toi. Ton âme, ton esprit, ton cœur et ta voix doivent se fondre dans les mots et les gestes. Selon moi, toutes ces choses n'existent pas dans les films d'action. Dans Shakespeare, on atteint cette pureté.» Le jeune acteur conservera son engouement d'adolescent pour les mots et les émotions du dramaturge élisabéthain, qui inspireront ses performances dans *My Own Private Idaho* (plus ou moins adapté de *Henry IV*), *Much Ado About Nothing* du réalisateur Kenneth Branagh et dans le rôle-titre de *Hamlet*, sur scène, à Winnipeg.

La formation de Keanu à Leah Posluns le conduira à sa première vraie expérience professionnelle de la scène. Il y devient aussi l'ami d'un autre aspirant acteur, Alan Powell, qui trouve toutefois le jeune Reeves un peu distant. «On jouait ensemble dans les pièces montées à l'école, dit-il. On faisait des étincelles, tous les deux. Il était l'ami que je n'avais pas eu dans mon enfance, mais il était très réservé au sujet de sa vie. Même si tu le connaissais depuis trois ans, tu pouvais découvrir tout à coup que quelqu'un était son ami depuis longtemps. Jamais il n'avait rien dit avant. Impossible de s'approcher trop de lui.»

Pourtant, Keanu Reeves apprécie les résultats obtenus avec Alan Powell; leurs répétitions ensemble lui permettent de décrocher, à 20 ans, son premier vrai rôle au théâtre dans *Wolfboy*, en 1984. Cette pièce homoérotique étrange de Brad Fraser est montée au théâtre Passe Muraille de Toronto. Keanu y joue un jeune innocent interné dans un hôpital psychiatrique, où il est attaqué par un garçon dérangé qui le prend pour un loup-garou. Mais le jeune acteur obtient ce rôle de justesse, car il n'impressionne pas beaucoup le metteur en scène John Palmer. Celui-ci commentera ainsi son audition: «Sa diction était mauvaise. Il sautait des mots et disait ses répliques comme s'il essayait de comprendre ce qu'elles signifiaient.» Toutefois, l'attention du metteur en scène est captivée par le charisme de Keanu. Ce qu'il appelle une énergie et une aura. «Je ne voulais pas d'acteurs professionnels, explique-t-il, c'est pourquoi j'ai utilisé les petites annonces. J'ai eu des prostitués défoncés... et Keanu Reeves.»

Principale source de toutes les rumeurs au sujet de l'homosexualité de Keanu, la pièce *Wolfboy* joue à Toronto surtout devant des auditoires de la communauté gaie. «Nous avions ce jeune innocent, dit John Palmer, un des plus beaux gars jamais vus, en short blanc qu'on a huilé... que voulez-vous de plus pour dix dollars?» Dans la pièce, Carl Marotte partage la vedette avec Keanu Reeves. Il joue le prostitué qui devient l'ami du personnage de Keanu, puis le tue en le mordant dans le cou comme un vampire. Carl Marotte prétend que lui et son partenaire tentent de rendre aussi bien que possible l'atmosphère homoérotique de la pièce. Mais les deux acteurs sont mal à l'aise lorsqu'on leur demande de s'embrasser et de se caresser pour des photos de publicité explicites. Le photographe David Hlynsky explique: «On leur a demandé d'aller jusqu'au bout. Ils hésitaient, mais ils ont compris la tension sexuelle inhérente à leur rôle.» David Hlynsky côtoie souvent Keanu pendant cette période «gaie» et remarque l'attrait de celui-ci pour les deux sexes. Il prend aussi de très belles photos de Keanu Reeves, qui lui rappelle une jeune vedette du passé. «Keanu avait le charisme de James Dean, affirme-t-il. C'est un bel homme, très androgyne. La communauté gaie de Toronto était charmée par lui et elle l'est encore. Je sais que Keanu et sa mère étaient très contents de mes photos, car ils me l'ont dit.»

Keanu apprend donc très tôt dans sa carrière à capitaliser sur son sex-appeal qui attire les hommes et les femmes, et il s'en servira très bien plus tard. Un ami suggère que, contrairement à ses déclarations par la suite, le jeune Reeves aime son expérience dans *Wolfboy*: «Il n'avait aucune réserve sur la pièce... en fait, il était très enthousiaste parce que c'était si différent et si choquant.» *Wolfboy* remporte un grand succès parmi la communauté homosexuelle torontoise et constitue un apport positif à la carrière du jeune acteur. Toutefois, quand il deviendra une grande vedette, toute mention de cette pièce sera rayée du curriculum officiel de Keanu.

Le rôle fournit au jeune Reeves sa première carte syndicale d'acteur et ses premières mauvaises critiques. Même si la communauté gaie aime la pièce, les journalistes des grands médias torontois ne sont pas impressionnés. En avril 1984, le *Globe and Mail* qualifie cette production «d'erreur monumentale», et le *Toronto Sun* titre sans vergogne: «Horriblement terrible – Terriblement horrible». Ce journal octroie aussi à Keanu sa plus basse appréciation critique: une seule étoile. Toutefois, Reeves et Palmer ne sont pas très contrariés par ces critiques dévastatrices, car ils connaissent leur public et savent que leur pièce fait salle comble à toutes les représentations.

Alors qu'il fréquente l'école à Leah Posluns, Keanu décroche son pre-

*Repoussant les limites: Keanu Reeves et son partenaire dans* Wolfboy, *Carl Marotte.*

mier rôle à la télévision. «C'était dans une émission canadienne appelée *Hangin' In*, dit-il. Ça se passe dans un centre pour jeunes en difficulté. J'ai été chanceux d'obtenir ce rôle... beaucoup de jeunes Canadiens y ont démarré leur carrière.» Quoiqu'il ne s'agisse que d'un petit rôle avec une seule réplique, c'est quand même un début pour le jeune acteur. Il croit que c'est prometteur et explique: «*Hangin'* est une vraie manne pour les jeunes acteurs à Toronto... Ils donnent beaucoup de rôles aux débutants. C'était un tournage avec trois caméras et je jouais un petit dur. Je portais des vêtements stupides et n'avais aucune idée de ce que je faisais. Ma réplique était: "Hé, madame, est-ce que je peux prendre une douche?"»

Le rôle dans *Hangin'* apporte d'autres contrats à Keanu Reeves et aussi sa première agente, Tracy Moore de Noble Talents. Celle-ci lui conseille d'abord d'utiliser la douche plus souvent. À cette époque, en effet, Keanu ne se préoccupe pas trop de son hygiène personnelle, car il n'est pas très mature. «On ne voulait pas qu'il donne l'impression d'un type sale et puant, confie Tracy Moore. Mais, lui, il pensait que ça n'avait aucun rapport avec ses talents d'acteur.»

Par la suite, Keanu continue avec le théâtre communautaire et deux autres émissions de télévision, *Night Heat* et *The Comedy Factory*. Il enregistre aussi deux annonces télévisées: une pour Coca-Cola et l'autre pour les Corn Flakes de Kellogg. «J'ai fait cette annonce pour Kellogg qui m'a donné plein d'argent, dit-il. Je ne l'ai pas déposé à la banque, mais juste dans un panier où je puisais quand j'en avais besoin. Maintenant, je fais beaucoup plus attention à tout ça. Enfin, mon comptable s'en occupe.»

Le travail du jeune acteur à Leah Posluns lui procure également la première chance importante de sa carrière. À cette époque, le réalisateur de Hollywood Steven Stern (qui connaît l'école par sa sœur) fait passer à Keanu une audition pour un rôle dans le téléfilm *Young Again*, qu'il doit bientôt tourner. Steven Stern définit ainsi son intérêt pour Keanu Reeves: «Il y avait quelque chose chez lui que j'aimais. Un côté amusant et sérieux en même temps. Je lui ai demandé d'amener le scénario chez lui et de le lire pour le rôle principal.»

Cependant chez Disney, le studio qui emploie le réalisateur et produira *Young Again*, les cadres sont étonnés d'apprendre que celui-ci pense à un jeune inconnu pour le rôle principal du téléfilm. Mais Stern paie lui-même le voyage de Keanu à Los Angeles pour faire un bout d'essai et persuade ses patrons, Michael Eisner et Jeffrey Katzenberger, de le visionner. Après son audition, le jeune acteur retourne chez lui le cœur plein d'espoir, où il continue à auditionner pour de petits rôles dans des films hollywoodiens tournés à Toronto.

Malgré ses études sérieuses, son travail dans le théâtre communautaire et ses rôles à la télévision, c'est son amour de jeunesse du hockey qui apporte à Keanu Reeves son premier rôle dans un long métrage qui est intitulé *Youngblood* (1986) et met en vedette Patrick Swayze et Rob Lowe. Comme le réalisateur cherche des jeunes acteurs torontois pouvant jouer au hockey, ce film est parfait pour Keanu. Il a donc très hâte de passer son audition, qui se tient en juillet 1984 pendant une période d'entraînement au hockey des deux vedettes du film et deux mois avant son vingtième anniversaire. En obtenant ce rôle, Keanu réalise enfin son rêve de faire du cinéma et, cela, tout en pratiquant son autre passion, le hockey.

*Youngblood* est inspiré d'épisodes de la vie du réalisateur et scénariste Peter Markle, qui se fait connaître en 1984 avec la comédie de ski *Hot Dog: The Movie*. Rob Lowe joue dans le film Dean Youngblood, un jeune hockeyeur talentueux qui quitte son foyer pour poursuivre sa carrière au hockey. Dans son sillage se trouve Jessie (Cynthia Gibb), une fan de ce sport et la fille de l'entraîneur de l'équipe de Youngblood. Quant à Patrick Swayze, il interprète le rôle de Derek, un vétéran des ligues amateurs sur le point d'entreprendre une carrière professionnelle, jusqu'à ce qu'il soit

*Keanu réussit à combiner ses deux passions, le hockey et le cinéma, dans son premier long métrage, Youngblood.*

27

sauvagement blessé par un opposant lors d'une partie importante. L'ennemi de Derek est Racki (George Finn), le joueur le plus dangereux sur la glace qui va maintenant s'attaquer à Dean Youngblood.

Rappelant un peu un feuilleton d'adolescents, le drame de *Youngblood* constitue une indication du genre de films dans lesquels jouera bientôt souvent Keanu. Même si celui-ci n'y tient qu'un petit rôle, ce travail donne un avant-goût des «adolescents troublés» que le jeune acteur interprétera jusqu'à son personnage de *Bill & Ted's Excellent Adventure*, le point tournant de sa carrière. Keanu ne fait son entrée qu'au tiers du film et joue par la suite dans les parties de hockey comme gardien de but, camouflé derrière son masque. On le voit aussi dans les séances d'entraînement, les scènes typiques au vestiaire, les bouffonneries et les confrontations sur la glace. Sa performance consiste en une série de grommellements inintelligibles (avec un accent bizarre) et d'expressions médusées (perfectionnées plus tard dans *Bill & Ted*). On ne sent pas encore ses possibilités de star et il partage très peu l'écran avec Patrick Swayze, son futur partenaire de *Point Break*. Même si le jeune acteur ne figure pas beaucoup dans *Youngblood*, on l'aperçoit de temps en temps aux côtés de Rob Lowe et de Swayze, deux grandes idoles cinématographiques des années 80 qu'il éclipsera bientôt. Il lui faudra, néanmoins, encore travailler très fort avant de voir apparaître son nom en tête du générique d'un film...

Voulant capter l'excitation viscérale que suscite le hockey dans l'auditoire, Peter Markle décide de traiter la caméra comme un joueur pendant les séquences de jeu et de lui faire suivre les mouvements complexes sur la patinoire. Pour réussir cette approche, il choisit une solution simple. Ainsi, Keanu Reeves se retrouve en costume de gardien sur la glace, poursuivi par un cameraman dans une chaise roulante. «Tout simplement, la chaise roulante nous montre la vitesse et la fluidité qu'on peut atteindre», explique le directeur de la photo Mark Irwin.

À sa sortie, le film est bien accueilli par *Variety*, qui note la complexité du travail de la caméra montée sur chaise roulante. Toutefois, le journal réserve ses compliments pour Rob Lowe et ne commente pas les débuts au cinéma de Keanu Reeves. La réaction des critiques britanniques, pour qui le sujet et le milieu du film sont exotiques et inhabituels, offre plus de variété. Le *Daily Mail*, par exemple, qualifie *Youngblood* «d'œuvre cinématographique intense et dure, amenée au paroxysme de l'excitation par un travail de caméra et un montage superbes.»

En octobre 1984, Keanu apprend avec plaisir que, grâce à sa participation à *Youngblood*, il vient d'obtenir son deuxième rôle dans un autre film de sport. Le scénario de *Flying* doit beaucoup à l'intrigue de *Flashdance* (*Le feu de la danse*). Olivia D'Abo y tient le rôle principal d'une jeune gymnaste qui doit surmonter une blessure débilitante à la jambe afin de pouvoir remporter une médaille très recherchée. L'ancienne vedette britannique Rita Tushingham joue son entraîneuse, une personne exigeante mais affectueuse.

Keanu Reeves est l'un des jeunes acteurs torontois qui obtiennent un rôle dans cette production canadienne. Il est choisi pour jouer Tommy, un ami excentrique de la vedette qui admire celle-ci de loin. Le réalisateur Paul Lynch hésite beaucoup avant de confier ce personnage à Keanu, qui l'emporte finalement sur un proche rival. Dans ce rôle mineur, il interprète pour la première fois quelqu'un qui lui ressemble vraiment. Malheureusement, l'authenticité du jeune acteur ne suffit pas pour convaincre les critiques du mérite de *Flying*, quand celui-ci sort enfin en décembre 1986. *Variety* rejette le film parce qu'il mérite «peu d'attention», mais les journaux torontois le remarquent quand même. Selon le *Globe and Mail*, «Keanu Reeves et Olivia D'Abo montrent une certaine insouciance». Toutefois, la performance de Keanu attire aussi quelques compliments: le *Toronto Sun* qualifie le jeune acteur «d'original» et le *Toronto Star* affirme qu'il rend son personnage très crédible.

Au printemps 1985, Keanu remonte sur scène pour incarner son premier personnage shakespearien. Il obtient le rôle de Mercutio dans la pièce *Roméo et Juliette* qui est montée pour les finissants de Leah Posluns. Le metteur en scène est Lewis Baumander, le directeur artistique du théâtre Skylight. Celui-ci remarque que Keanu Reeves se présente à l'audition avec en tête l'idée d'un rôle bien défini, alors que la plupart des autres étudiants sont prêts à accepter n'importe quoi. La pièce n'est à l'affiche qu'une semaine, mais elle catalysera le désir de Keanu de jouer Shakespeare de nouveau. Le réalisateur en garde aussi un bon souvenir et c'est lui qui engagera plus tard le jeune acteur (alors devenu une vedette) pour interpréter le rôle-titre de *Hamlet*, à Winnipeg.

Les débuts au cinéma de Keanu Reeves ne font pas de lui une vedette au box-office, mais de grandes opportunités s'offriront bientôt à lui. En outre, quand il apprend de Steven Stern que Disney lui confie le rôle principal du téléfilm *Young Again*, l'acteur de vingt ans est très content. Ce sera sa grande chance au cinéma et l'occasion pour lui de s'installer à Hollywood, l'endroit par excellence pour y réaliser ses ambitions.

## CHAPITRE 2

# Un adolescent sans frontières

Au début de l'été 1985, Keanu Reeves est prêt à tirer profit de ses réussites à Toronto: son travail sur scène dans *Wolfboy*, ses rôles à la télévision et ses premières participations à des longs métrages (*Youngblood*, *Flying*). Il est temps également pour lui de quitter son foyer et de déménager à Los Angeles, afin d'entreprendre sérieusement sa carrière cinématographique à Hollywood. Et quand il obtient le rôle principal de *Young Again*, c'est le moment idéal d'aborder cette nouvelle étape.

Il s'agit d'un point tournant de la vie de Keanu. Même si son séjour en Pennsylvanie, deux ans auparavant, lui donne un avant-goût de son indépendance, le jeune acteur n'a à son actif qu'une seule autre expérience de vie en dehors de la résidence familiale. En effet, il campe à un moment donné dans le sous-sol d'un ami pour quelques semaines, pendant que sa mère fait rénover leur maison. Mais il comprend que sa carrière piétinerait s'il restait à Toronto. Il y a bien sûr beaucoup plus de rôles offerts à Los Angeles qu'au Canada, où il ne peut auditionner que pour les rares productions locales et les quelques projets des producteurs étrangers qui viennent tourner au pays. Il faut donc que Keanu mette un terme à ses études et aille là où sa carrière a le plus de chance de réussir.

«J'étais à une étape de ma vie où j'avais accompli le maximum à Toronto, dit Keanu Reeves. J'en avais assez de jouer des rôles de meilleur ami, de petit dur et de grand gars. J'ai sauté dans ma vieille Volvo et conduit jusqu'ici avec 3 000 $ en poche. Mon beau-père m'a hébergé, et j'ai commencé à prospecter la jungle de Los Angeles.»

Il est tout à fait naturel qu'à son arrivée à Los Angeles pour chercher du travail, le jeune acteur se tourne vers Paul Aaron. Il peut ainsi annoncer à ce dernier le plus récent mariage de Patricia (son quatrième) avec le coiffeur Jack Bond. Dans les années suivant son divorce avec Patricia, Paul Aaron continue de conseiller prudemment son beau-fils. Il ne veut pas avoir l'air de pousser Keanu vers le métier d'acteur, mais il n'a pas l'intention non plus d'étouffer ses aspirations. En lui offrant d'habiter chez lui, il s'assure que le jeune homme aura une certaine sécurité pendant qu'il apprivoise son nouveau milieu. Paul Aaron jouera un rôle important et décisif dans la carrière de l'aspirant acteur, en lui suggérant de rencontrer Erwin Stoff qui, au milieu des années 80, commence une carrière d'imprésario à Hollywood.

Au fil du temps, Erwin Stoff deviendra un imprésario «à l'ancienne mode», c'est-à-dire quelqu'un qui se consacre entièrement à quelques clients. Son entreprise, 3 Arts Entertainment, est à l'origine de la réapparition, à la fin des années 80, des compagnies gérant la carrière des artistes. «Les agents considèrent qu'ils couvrent le marché, explique Erwin Stoff, un barbu aux cheveux clairsemés, alors nous considérons que nous sommes au service du client.» Pendant que les agents des grandes agences desservent environ 60 clients en moyenne chacun, chaque représentant de 3 Arts se concentre sur 15 talents prometteurs. Et ils s'occupent plus de gestion de carrière que de contrats individuels de film.

Keanu se montre très intéressé et entre dans l'écurie d'Erwin Stoff. Celui-ci lui trouve tout de suite une agente à Hollywood, Hildy Gottlieb Hill, qui est alors directrice des artistes chez International Creative Management (ICM) Agency. «En 20 minutes, j'étais folle de lui. Il était très spécial», se rappelle-t-elle au sujet de sa première rencontre avec Keanu Reeves. Après le départ de l'acteur, l'agente se vante à un collègue: «Je viens de prendre un nouveau client et je ne sais même pas s'il peut tenir un rôle correctement...» Ce sera aussi la question que se poseront constamment les spectateurs et les critiques tout au long de la carrière de Keanu: «Peut-il vraiment bien jouer?»

De telles préoccupations n'inquiètent toutefois pas Keanu, qui sent que sa carrière est bien amorcée. Il quitte ensuite la maison de Paul Aaron pour s'installer dans un appartement au coin de Fairfax et Beverly. Tout se déroule selon ses plans: il est à Hollywood, il a déjà un imprésario et une agente et il détient le rôle principal du téléfilm de Disney, *Young Again*.

Le scénario de *Young Again* raconte l'histoire de Robert Urich, un homme âgé de 40 ans qui désire être jeune de nouveau. Tout à coup, il se trouve, par magie, changé en adolescent (interprété par Keanu Reeves). Dans son personnage d'adulte métamorphosé en adolescent, Keanu fait du skate-board, danse dans les discothèques et traîne dans les centres commerciaux. Toutefois, en arrivant à l'école, il ne se sent vraiment pas à sa place. Après le passage du film à la télévision en mai 1986, Keanu récolte une critique élogieuse de *Variety* pour son interprétation: «Keanu

Reeves incarne à merveille le personnage jeune d'Urich... Son interprétation franche et exubérante d'un garçon qui se transforme en jeune homme amoureux contribue largement à garder ce fantasme dans le domaine de la réalité.»

Ce dont Keanu Reeves a vraiment besoin, à cette étape de sa carrière, est un rôle exceptionnel, qui obligerait Hollywood à remarquer son arrivée dans la Mecque du cinéma. Il ne le décrochera pas tout de suite mais, à la fin de cette année, il jouera dans un film qui le consacrera comme un acteur au talent prometteur. Cependant, il est un nouveau venu qui fait son difficile, puisqu'il refuse apparemment le rôle principal de *Platoon*, s'objectant à la violence et aux armes à feu, selon le réalisateur Oliver Stone. «Il était plutôt pacifiste à cette époque, affirme-t-il,... il était vraiment contre les fusils.»

Il s'agit d'une occasion ratée pour Keanu, mais aussi d'une indication de la façon bizarre dont l'acteur choisit ses rôles. *Platoon* gagnera quatre oscars, incluant celui du meilleur film. Le rôle principal est joué par Charlie Sheen, qui sera en nomination pour l'oscar du meilleur acteur. Même si Charlie Sheen dame le pion à Keanu Reeves avec ce rôle au début de la carrière de celui-ci, il enviera plus tard les succès plus consistants du jeune Canadien. Il déclare en effet au magazine *Movieline*: «Emilio [Estevez, son frère acteur] et moi, on est là à se gratter la tête en se demandant "Comment ce gars y est-il arrivé?". Je veux dire, pourquoi Keanu travaille-t-il avec Coppola et Bertolucci, alors que je n'ai pas cette chance?»

Plus tard, Keanu Reeves analysera ses débuts à Hollywood en se rendant compte de son approche différente envers sa carrière à ce moment-là. «J'ai sauté dans le métier d'acteur sans objectif précis, dit-il, et ce n'est que récemment que j'ai pris conscience qu'il me manque un but. Dans le contexte immédiat de Hollywood, j'aimerais maintenant interpréter un personnage méchant, névrotique, fou et de préférence mesquin. Ceux que j'ai incarnés jusqu'à présent étaient de bons gars, tous plus ou moins empreints d'une certaine naïveté. Je suppose qu'ils me représentent, mais j'aimerais bien explorer et exploiter autre chose.»

La vision de Keanu sur son emploi stéréotypé à ses débuts cinématographiques est très juste. Même s'il a déjà 20 ans à son arrivée à Hollywood, son allure d'adolescent lui fera décrocher, pendant des années, des rôles d'étudiants aux prises avec différents problèmes. Ce qui n'est pas sans rappeler sa propre adolescence tumultueuse à Toronto.

Entre temps, le jeune Reeves veut à tout prix obtenir sa carte de membre du Screen Actors Guild. Pour ce faire, il devra accepter un rôle dans le téléfilm de 1986, *Under the Influence*, même si cette production comporte certains inconvénients (comme une présence obligatoire sur le plateau de tournage dès huit heures, tous les matins). «Je trouvais ça... injuste, admet Keanu. C'est difficile de jouer le matin. La muse n'est pas toujours réveillée...»

La vedette de ce téléfilm au-dessus de la moyenne est Andy Griffith, qui interprète un père de famille (Noah Talbot) refusant de reconnaître son alcoolisme. Keanu joue aussi aux côtés de Joyce Van Patten, William Schallert et Season Hubley, sous la direction du réalisateur Thomas Carter. Le scénario est écrit par Joyce Reberta-Burditt, une ancienne alcoolique qui se sert de sa propre expérience comme inspiration pour produire un texte incisif au message puissant.

Dans *Under the Influence*, Keanu obtient le rôle d'Eddie, le fils qui imite le comportement de son père. Il est le cadet de Stephen (Paul Provenza), le frère aîné qui utilise son expérience familiale pour créer des numéros de comédie qu'il interprète sur scène. Le personnage de Keanu Reeves ne dispose pas d'une telle échappatoire. Alors, il tente à la fois d'impressionner son père et de se révolter contre lui, en buvant et en risquant de devenir lui-même alcoolique.

Parmi les premières performances de Keanu, celle de *Under the Influence* est la plus réussie. Même s'il fait partie d'une grosse distribution, le jeune acteur se défend très bien vis-à-vis du vétéran de la télévision, Andy Griffith. Et, plus important encore, son portrait d'un fils détestant son père semble s'inspirer de sa propre haine pour Samuel Reeves, son vrai père qui l'a abandonné. Alors que son personnage d'Eddie devient progressivement un alcoolique comme son père fictif, Keanu retrouve des échos de sa propre peur de devenir un drogué et un irresponsable, à l'image de son père véritable. C'est cette peur qui empêche le jeune homme de rechercher des relations stables dans sa vie, mais qui alimente aussi son besoin de réussir à tout prix à Hollywood.

Pendant que Keanu s'installe dans sa nouvelle vie à Los Angeles, d'autres offres de travail suivent *Under the Influence*. Dans le téléfilm *Act of Vengeance* (1986) de Home Box Office (HBO), mettant en vedette Charles Bronson, il interprète le rôle d'un «assassin psychotique» (qui présage celui qu'il jouera dans *I Love You to Death* [*Je t'aime à te tuer*]). Ce drame, réalisé par John Mackenzie, est basé sur une histoire vraie. Bronson (sans sa fameuse moustache) y incarne un syndicaliste, dont la candidature au leadership de son syndicat entraîne le meurtre de sa famille. Le jeune Keanu est très bien entouré dans cette production, puisque la distribution compte également Ellen Barkin, Wilford Brimley et Ellen Burstyn.

John Mackenzie se souvient des problèmes qu'il éprouve à travailler avec Keanu Reeves pendant la production de *Act of Vengeance*, quoique la plupart de ceux-ci proviennent surtout de son manque d'expérience des plateaux de tournage et du processus de la production cinématographique. Au départ, le réalisateur choisit le jeune acteur parce qu'il perçoit quelque chose de «bizarre» dans sa personnalité, mais il n'est pas très satisfait de la manière dont ce trait ressort dans l'interprétation de Keanu. Celui-ci se montre maladroit pendant ses scènes et agace John Mackenzie, qui le traite «d'arriviste». Pensant que ce comportement étrange de Keanu est causé par la drogue, le cinéaste lui donne un sérieux avertissement. Son approche fonctionne et le jeune homme surveillera sa conduite jusqu'à la fin du tournage. C'est la première fois, mais non la dernière, que le jeune Canadien est perçu comme «difficile» par un de ses réalisateurs.

Constamment occupé par son travail au cinéma, Keanu ne dispose que de peu de temps pour sa vie personnelle. *Act of Vengeance* est suivi d'un rôle principal dans *The Brotherhood of Justice*, un autre téléfilm à message. Keanu Reeves y interprète Derek, un jeune riche ambitieux conduisant des autos sport voyantes et toujours entouré de filles, sans doute attirées par son titre de capitaine de l'équipe de football. C'est le rôle d'adolescent idéal pour Keanu et cela lui donne la chance de montrer son talent dans l'interprétation du personnage pivot du drame, un mauvais garçon qui est à la tête d'un groupe d'autodéfense. Kiefer Sutherland joue le bon gars de l'école secondaire qui confronte le «méchant», interprété par Keanu Reeves.

Après les bonnes critiques sur la performance de Keanu dans *Under the Influence* par *Variety* et le *Los Angeles Times*, l'accueil réservé à *The Brotherhood of Justice* cause une certaine déception. Le *Los Angeles Times* n'est pas particulièrement séduit par la prestation de Reeves. Selon le journal, parce que les doutes éventuels du personnage principal au sujet des activités de son gang «lui pèsent moins que la peine de perdre sa petite amie, cela rend le film plutôt ennuyeux».

Le jeune acteur continue ensuite la ronde des auditions, obtenant ainsi d'autres rôles d'adolescents dans des téléfilms comme *Moving Day* (de la série pour les jeunes *Trying Times*, du réseau PBS). Malgré les nombreux engagements de Keanu, ses conseillers pensent que son prénom inhabituel l'empêche de décrocher plus de rôles. «J'ai connu une très mauvaise phase qui a duré environ un mois», se rappelle l'acteur au sujet de son idée temporaire de changer son prénom étrange, mais véritable, en quelque chose de plus «hollywoodien». «Mon gérant et mon agente m'ont confié qu'ils avaient de la difficulté à m'obtenir des rendez-vous avec certains directeurs de casting à cause de mon prénom. Il a un côté trop ethnique et, selon eux, ça me nuisait. Alors ils m'ont dit que je devais le changer. Cela m'a complètement déprimé. J'ai pensé à des noms comme Page Templeton III et Chuck Spidina, de mon autre prénom [Charles]. Finalement, ils ont choisi K.C. Reeves. Hum... pas terrible. Quand je me présentais aux auditions, je disais, de toute façon, que mon prénom était Keanu.»

Néanmoins, si on en croit le mot de William Goldman, «personne, à Hollywood, ne connaît rien à rien». Il est donc ironique de constater que, même si des représentants de l'industrie cinématographique reconnaissent dans le look presque ethnique (vaguement chinois ou asiatique) de Keanu celui d'une vedette en devenir, son prénom inhabituel l'empêcherait, d'après eux, d'obtenir des rôles pour les mêmes raisons raciales. Mais, en fin de compte, les préoccupations des conseillers du jeune Reeves ne semblent pas fondées et celui-ci conservera donc son prénom de Keanu.

Comme acteur à la pige, Keanu reçoit beaucoup de scénarios à lire et d'offres d'auditions. Mais, étant encore un nouveau venu à Hollywood, il doit résister à la forte tentation d'être trop difficile dans ses choix de rôles. Il déclare tout de même: «Je veux apprendre quelque chose, mon vieux. Je [veux] des histoires intéressantes, des personnages spéciaux, des rôles complexes, des idées posant un défi, des conflits et des confrontations, de la haine, de l'amour, de la guerre, de la mort, du succès, de la gloire, de l'échec, de la rédemption, du salut, de l'enfer, du péché, de la bonne nourriture, de bonnes odeurs, des couleurs et des seins généreux.»

Certains de ces éléments, mais pas tous, se retrouvent dans le téléfilm que Keanu tourne ensuite avec Drew Barrymore, *Babes in Toyland*. Il s'agit d'une version médiocre et trop longue de l'opérette de Victor Herbert, avec un nouvel arrangement musical de Leslie Bricusse. Réalisé par Clive Donner, *Babes in Toyland* dure plus de deux heures et demie et ne conserve que deux airs de la musique originale pour ponctuer le scénario de Paul Zindel, un lauréat du prix Pulitzer. La distribution comprend également Richard Mulligan et Pat Morita.

Le téléfilm permet à Keanu Reeves de faire son premier voyage de travail à l'étranger. Il se rend donc, pour le tournage de *Babes in Toyland*, aux studios Bavaria de Munich (Allemagne) en juillet 1986. Mais l'horaire serré de 33 jours n'est pas suffisant pour que le réalisateur Donner rende justice au matériel original et la version finale télévisée témoigne de tous

*Keanu partage la vedette du téléfilm* Brotherhood of Justice *avec Lori Loughlin et Kiefer Sutherland.*

les défauts d'un ouvrage bâclé. Dans le film, Keanu tient deux rôles: celui du fiancé de la sœur aînée de Drew Barrymore, dans la réalité et celui de Jack Nimble, dans le monde imaginaire où celle-ci se trouve projetée. Avec Drew à sa remorque, Keanu réussit à renverser le méchant Barnaby Barnacle, qui veut prendre le contrôle de Toyland. La seule façon de vaincre ce sinistre personnage consiste, pour la jeune fille, à redire sa croyance dans le monde fantastique des jouets et de l'imaginaire. Le jeune acteur fait de son mieux dans ces rôles différents pour lui, qui lui demandent de chanter et de danser.

Lors de la présentation de *Babes in Toyland* à la télévision américaine juste avant Noël, les critiques relèvent sans merci tous les défauts de la production. Le *New York Times* accuse les acteurs de jouer en «pilotage automatique». Quant à *USA Today*, il affirme que le téléfilm est une œuvre «pénible à regarder».

Keanu Reeves tire au moins un avantage personnel de son travail dans *Babes in Toyland*. Cela lui permet de vivre une première aventure amoureuse de tournage avec sa partenaire Jill Schoelen (qui joue sa fiancée dans le film). Keanu semble ne considérer ces amours brèves avec la jeune actrice que comme un plaisant intermède de vacances. Mais Jill, de son côté, paraît avoir l'habitude des relations sérieuses avec ses partenaires de travail. L'année suivante, pendant la production de la comédie d'épouvante *Cutting Class* (1987), elle aura une liaison de trois mois avec la nouvelle vedette, Brad Pitt.

Pour Keanu Reeves, tout le travail accompli à ses débuts constitue un apport positif à sa carrière. Même s'il s'agit de rôles de second plan (amis, voisins, membres moins importants de la famille), cela augmente l'expérience professionnelle du jeune acteur, qui a maintenant 22 ans. Celui-ci se rend bien compte qu'il est en période d'apprentissage. Il utilise donc ce stade de sa carrière le mieux possible, en réussissant à jouer une variété de rôles d'adolescents, toujours plus jeunes que son âge réel.

«Tout ce que je peux dire est que j'essaie de donner et d'apprendre», dit Keanu des rôles de ses débuts. Quand on lui demande en interview de parler des meilleurs aspects de la célébrité, il est très réaliste sur sa position, en 1986, parmi la jungle hollywoodienne débordante de jeunes acteurs aspirant au statut de vedette de cinéma. «Je dirais presque que ce sont les filles, le sexe et l'argent, mais je n'en suis pas encore là. Ce que j'aime le plus dans le métier d'acteur? C'est de jouer! C'est la meilleure chose pour moi. Après tout, qu'y a-t-il d'autre?»

«Qu'y a-t-il d'autre?» est justement la question qu'on pourrait se

*Dure adolescence: Keanu interprète un jeune rebelle dans* River's Edge.

poser sur la vie intime du jeune acteur à ce moment-là. Même s'il est très occupé par son travail d'acteur et la poursuite d'une carrière hollywoo-dienne, Keanu essaie aussi de s'intégrer à la vie sociale de Los Angeles. Installé dans son propre appartement, le jeune acteur tente de mieux connaître cette ville encore nouvelle pour lui, mais où il se sent de plus en plus à l'aise. Il abandonne vite sa vieille Volvo et, avec les cachets de ses premiers rôles, s'achète une moto qu'il enfourche pour explorer les collines de Los Angeles, parfois la nuit. Maintenant qu'il ne suit plus de cours, son principal passe-temps est la lecture et il dévore tout ce qui l'intéresse: œuvres de fiction populaires, classiques de la littérature et ouvrages scientifiques. Quand il n'est pas en train de tourner un film, il occupe son esprit en lisant et en absorbant les connaissances qu'il n'a pas assimilées durant ses années scolaires.

Toutefois, un grand changement est sur le point de se produire dans la vie de Keanu: sa carrière et son image publique s'amélioreront nette-ment après qu'il décroche le rôle d'un adolescent à problèmes dans le film *River's Edge*.

Basé sur un horrible fait divers à Milpitas (Californie) en 1981, *River's Edge* est le premier scénario important du réalisateur et scénariste handi-capé Neal Jimenez, qui fera sa marque, en 1992, avec *The Waterdance*. C'est l'histoire du viol et du meurtre sans raison d'une adolescente de 14 ans, Marcy Conrad, par son petit ami de 16 ans, Jacques Broussard. À l'époque, ce crime fascine Neal Jimenez, qui est alors étudiant en cinéma à San Jose. Il utilise l'anecdote de Jacques Broussard, se vantant à ses amis et leur montrant le cadavre de sa victime pour un projet de son cours de scénarisation. Même si son professeur n'aime pas son scénario qu'il trouve trop noir, celui-ci suscite l'intérêt des studios cinématographiques. Après réflexion, cependant, les compagnies hollywoodiennes rejettent cette terrible histoire, considérée trop controversée pour un film grand public. Mais Jimenez réussit à convaincre la compagnie de cinéma britan-nique Hemdale, productrice de films américains audacieux comme *Platoon, At Close Range* et *Salvador*. Hemdale met rapidement le projet en production pour en faire un film à petit budget réalisé par Tim Hunter.

Le film commence après le meurtre et montre l'adolescent Samson en train de fumer un joint à côté du corps nu et sans vie de sa petite amie Marcy. Il est observé à son insu par Tim, âgé de 12 ans, le frère de son ami Matt (Keanu Reeves). Inclus dans la bande des garçons plus âgés, Tim rencontre bientôt leur «dealer», Feck, un ancien motocycliste unijam-biste (joué par Dennis Hopper, un acteur culte des années 60). L'histoire des actions de Samson est bientôt connue de tous les élèves de l'école, qui

*Au bord de la rivière, Keanu et ses partenaires contemplent leur avenir apparemment sans espoir.*

se rendent au bord de la rivière pour voir le cadavre. Mais quand les ré-
percussions du crime s'amplifient, Matt décide d'informer la police.
Ceux-ci ne peuvent toutefois empêcher l'intervention de Feck, qui impose sa propre loi du talion au jeune tueur Samson.

Afin de mieux rendre le côté macabre du sujet, Tim Hunter décide de
filmer le drame dans le froid MidWest plutôt que dans la Californie enso-
leillée. Il choisit aussi très bien ses acteurs pour donner vie à cette histoire
pénible. Il en a e Dennis Hopper (qui conna t, à ce moment, un creux
dans sa carrière) pour jouer Feck et le jeune acteur excentrique et prometteur Crispin Glover (*Back to the Future* [*Retour vers le futur*]) comme
chef de la bande de garçons. Keanu Reeves, quant à lui, obtient le rôle de
Matt, le seul personnage du film qui finit par comprendre que les actions
des adolescents sont répréhensibles et tout raconter aux autorités.

Pour le scénariste Jimenez (lui-même à peine sorti de l'adolescence),
le point fort de l'histoire de *River's Edge* réside dans le comportement
amoral des jeunes pendant plusieurs jours sans qu'aucun d'eux ne songe
à avertir les autorités. «S'il avait été filmé pour la télévision, ce scénario
aurait fait intervenir une force de l'extérieur, suppose-t-il. Un reporter ou
un parent, et on aurait vu la situation selon sa perspective. J'ai décidé que
ce serait une solution trop facile.»

En racontant l'histoire selon le point de vue des jeunes, Neal Jimenez
produit un scénario plus puissant, mais c'est aussi la raison pour laquelle
les directeurs de studios américains le rejettent. La productrice Midge
Sanford rapporte la réaction de ceux-ci: «Ils disaient "Quel scénario bien
écrit!" ou bien "En me réveillant, le lendemain, j'y pensais encore. Pas
question que je fasse ce film. Je ne veux même pas voir un tel film..."»

Pour réaliser son film de 1,7 millions de dollars, Tim Hunter adopte
une méthode presque à l'opposé de celle des films jeunesse habituels, en
tout cas ceux de John Hughes. Ce dernier se fait connaître au début des
années 80 en écrivant et en réalisant une série de films d'adolescents au
ton optimiste. Ceux-ci mettent en vedette de jeunes acteurs faisant partie
de ce qu'on appelle le «brat pack» (jeunes loups), comme *The Breakfast
Club* (pour lequel Keanu auditionne, mais sans obtenir de rôle), *Ferris
Bueller's Day Off* (*La folle journée de Ferris Bueller*) et *St. Elmo's Fire* (*Le feu
de St. Elmo*). En insérant les valeurs des années 60 (avec le personnage de
Hopper) dans le nihilisme des années 80, Tim Hunter produit, avec
*River's Edge*, une œuvre qu'il qualifie de «combinaison du banal et du sur-
réaliste. Cela en fait, ajoute-t-il, un film difficile à cerner et à regarder.»

Même s'il n'est pas complètement satisfait du résultat, Tim Hunter est
fier de sa perspective différente en regard de la formule habituelle des

films d'adolescents. «*River's Edge* n'est pas parfait, admet-il. Et, d'un certain point de vue, pas réussi non plus. Mais ce que j'aime de lui, c'est qu'il est direct, contrairement à tant de films d'adolescents qui traitent de questions sociales tout en les contournant... Alors que [dans *River's Edge*] les jeunes font face aux implications de cet événement dès qu'ils voient le cadavre et ne cherchent pas à contourner la situation. Il n'y a pas de cachette; ils règlent le problème dans le film.»

Avant-gardiste avec son nihilisme macabre et son refus de se conformer au désir hollywoodien de la fin heureuse, *River's Edge* ne mettra pas le feu aux poudres du box-office. Après sa sortie à Seattle, en octobre 1986, le film attire de très bonnes critiques, mais très peu de spectateurs. Comme Hemdale éprouve des problèmes financiers à ce moment-là, il faut laisser aux festivals européens le soin de faire connaître aux auditoires potentiels ce projet hors de l'ordinaire.

Parmi les critiques qui commentent le film, Vincent Canby, dans le *New York Times*, se montre le plus positif envers *River's Edge* et en particulier le personnage de Matt, joué par Keanu Reeves. Selon lui, «*River's Edge* est le film d'épouvante le plus captivant, le plus terrifiant de l'année... Pour autant que *River's Edge* possède un personnage sympathique, c'est Matt, le jeune homme qui appelle finalement la police mais qui, lorsqu'on lui demande d'expliquer pourquoi il lui a fallu tant de temps, est complètement confus. "Je ne sais pas", dit-il. Le policier incrédule, l'interroge sur ce qu'il a ressenti quand il a vu le corps de la fille, une personne qu'il connaît depuis l'école primaire. Matt répond en fronçant les sourcils: "Rien."»

Richard Schickel, du magazine *Time*, considère aussi Matt comme le personnage central du film. Il écrit: «Matt, qui est joué avec une retenue exemplaire par Keanu Reeves, trahit finalement la conspiration et établit un rapport hésitant avec la moralité conventionnelle. Mais, après ce geste, la froideur de cette œuvre courageuse et singulière a atteint notre cœur et nous savons que Matt est l'exception d'une vision macabre et profondément troublante de la vie adolescente.»

David Denby tente aussi, dans le magazine *New York* de trouver la chaleur du film à travers le personnage joué par Keanu Reeves, en notant le rapport très fort entre la personnalité de l'acteur et celle de Matt. «Celui qui s'échappe finalement et va tout raconter à la police, Matt (Keanu Reeves), est un adolescent honnête qui essaie d'éclaircir la situation. Matt vit dans une pauvre maison mobile avec des adultes stressés et épuisés. Son vrai père a disparu et a été remplacé par un rustre; sa mère, une infirmière, est une femme usée par le travail. Tous les jeunes ont grandi au hasard, sans aucun modèle ni autorité qu'ils puissent respecter.»

Certaines critiques du film sont moins élogieuses. Par exemple, Pauline Kast, du magazine *New Yorker*, écrit un article carrément hostile. Par contre, David Edelstein est plus impartial dans le *Village Voice*: «À la fois film d'épouvante, mélodrame d'adolescents et comédie noire, ce long métrage est parfois un fouillis, mais qui a beaucoup d'audace, et il s'améliore en se développant. Finalement, les réactions très partagées qu'il suscite constituent probablement son plus grand atout.»

En fait, *River's Edge* ne trouvera son vrai public que plus tard, lorsqu'il sortira en vidéo. Il deviendra même une sorte de film culte à la fin des années 80. Les spectateurs ne voient peut-être pas le film en masse lors de sa sortie dans les cinémas, mais les réalisateurs qui travailleront plus tard avec Keanu Reeves citeront toujours *River's Edge* comme étant le premier film dans lequel ils ont remarqué le jeune acteur. Avec cette production, celui-ci réussit donc enfin à se tailler une place à Hollywood, même si le public cinéphile ne lui est pas encore acquis.

Le personnage de Matt a un gros impact sur certains des spectateurs du film, et parfois d'une façon que Keanu n'approuve pas. «Il n'y a qu'une seule chose vraiment pénible qui me soit arrivé, confie-t-il. Un jour, j'ai rencontré un jeune de 17 ans qui était habillé comme Matt, mon personnage dans *River's Edge*. Il m'a dit que j'étais son idole et m'a donné plein de nourriture du restaurant où il travaillait.»

Le jeune Keanu Reeves s'aperçoit maintenant qu'il est sur la voie de la réussite et il commence à se préoccuper de ses effets possibles sur lui. Dans une de ses premières interviews, il établit un rapport entre sa plus grande visibilité dans son métier et ses croyances religieuses. «On dirait que je rends un peu hommage [à Dieu] chaque fois que je parle de mon succès, dit-il. Je discute de ma peur du prix à payer pour ça. Je suppose que je paie un tribut à l'ironie. L'ironie peut vous rendre amer mais, oui, je suppose que je crois en Dieu. Non, je ne crois pas en Dieu. Je ne sais pas. Ces choses-là sont encore confuses.»

En partie parce qu'il n'obtient pas un rôle avec le reste du «brat pack» dans *The Breakfast Club*, Keanu Reeves ne sera pas confondu, de justesse, avec ce groupe tristement célèbre de jeunes acteurs frivoles des années 80 – entre autres Andrew McCarthy, Demi Moore, Emilio Estevez, Molly Ringwald, Rob Lowe et Ally Sheedy –, ce dont Keanu sera éventuellement reconnaissant. Et il est content de ne pas faire partie d'un courant identifiable parmi les jeunes acteurs hollywoodiens.

D'ailleurs, Keanu Reeves explique ce qu'il croit être la relève qui fera sa marque à Hollywood dans les années à venir: «Voici ce qui, je pense, se passera chez les acteurs hollywoodiens. Beaucoup de personnes avec qui j'ai travaillé ont une vision sérieuse et profonde de leur métier d'acteur. Je crois qu'on va assister à l'émergence de plusieurs acteurs importants qui surprendront les gens et qui aideront Hollywood. Ils sont très sincères et, en général, très cultivés et brillants dans ce qu'il font. Ils ont un point de vue bien arrêté sur leur carrière et leur place dans le monde. Le jeu des acteurs devient de plus en plus théâtral. Dans ce sens, le cinéma prend plus de risques. Même les acteurs qui ne travaillent pas encore... le feront bientôt dans la prochaine vague et étendront leurs horizons. Espérons-le, parce que j'aimerais bien dépenser six dollars [pour un ticket de cinéma] et sentir que ça en vaut la peine.»

De toute façon, continue Keanu Reeves, «je ne suis pas Dennis Hopper. Je me contente de faire bien ce que je fais, mais en essayant de donner au moins le maximum. J'essaie de poursuivre ce qui m'intrigue, de survivre et, j'espère, de ne pas me faire avoir par l'ironie et par les dieux.»

Au sujet de ses priorités concernant l'avenir de sa carrière, Keanu aimerait tourner un film bizarre et complètement éclaté. «Les gens en ont assez d'être aussi littéraux, dit-il. Il nous faut encore un peu de ce bon vieux surréalisme des années 30, 40 et 50, surtout en comédie. Les spectateurs sont prêts pour des œuvres plus intelligentes.» Auparavant, toutefois, le jeune acteur a d'autres rôles d'adolescents devant lui, même s'il est déjà dans la vingtaine. Mais, bientôt, il jouera dans un drame d'époque célèbre avec une distribution prestigieuse. En outre, il subira un grave accident de moto qui le tuera presque et suspendra, quelque temps, sa carrière au cinéma.

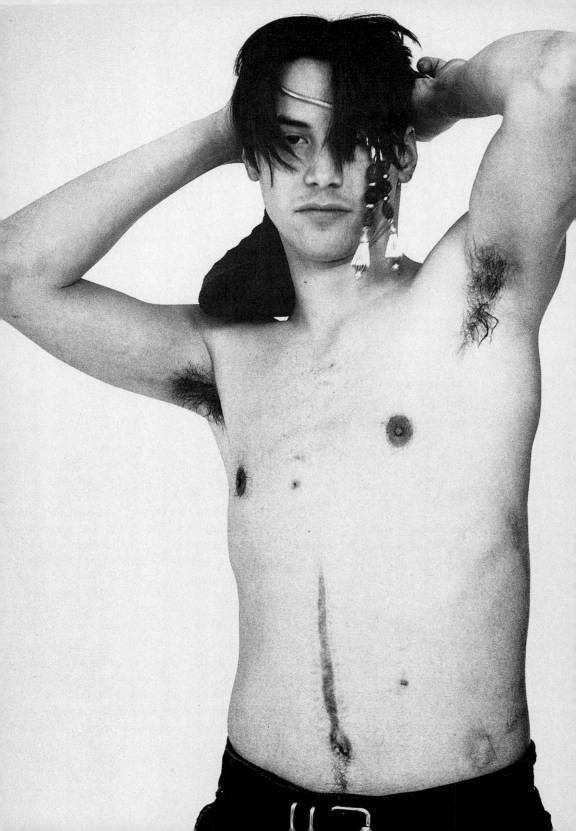

## CHAPITRE 3

# Le prince de Hollywood

Maintenant reconnu à Hollywood grâce au succès critique de sa performance dans *River's Edge*, Keanu Reeves devient le premier choix des réalisateurs pour les rôles vedettes des films d'adolescents distinctifs et de qualité. Le jeune acteur se démarque donc du «brat pack» en démontrant sa volonté de jouer à fond ses personnages d'adolescents, même s'il a presque 24 ans déjà.

En réalité, c'est dans un autre film spécifiquement pour adolescents que Keanu prend la vedette pour une des premières fois, en 1988. La réalisatrice Marisa Silver, qui est la fille de Joan Micklin Silver, réalisatrice de *Crossing Delancey* (*Izzy et Sam*), et le producteur Frank Mancuso Jr préparent *Permanent Record*, un film de jeunes ayant un côté plus sérieux. «Notre but était de faire un film honnête et dramatique mettant en vedette de jeunes acteurs, dit le producteur Mancuso. Dans la vie de chacun, il se produit un événement déterminant et, à partir de ce moment, votre vie est complètement changée.» Le point tournant, dans *Permanent Record*, est le suicide de David Sinclair, un étudiant populaire et musicien, presque à la fin de son cours secondaire, et l'effet de sa mort sur ses amis qui doivent faire face à ce terrible événement. Alan Boyce est choisi pour ce rôle de second plan et Keanu Reeves, pour le rôle-titre de Chris Townsend, le meilleur ami du suicidé, qui le voit mourir et lui en veut de l'avoir abandonné.

David Sinclair, l'étudiant le plus populaire de l'école secondaire Thurber, a tout pour lui: une petite amie séduisante (Pamela Gidley), une mère parfaite (Kathy Baker), une voiture et un groupe de musiciens sur le point d'enregistrer un disque. Le soir de la plus grosse fête de l'année organisée par Chris et David, ce dernier tombe du haut d'une falaise. Tout le monde croit qu'il s'agit d'un accident jusqu'à ce que Chris reçoive par la poste la confession de David de son suicide. En apprenant la vérité, les élèves, leurs parents et le personnel de l'école doivent vivre toutes les implications de ce suicide.

*Keanu démontre ses talents d'acteur dans* Permanent Record *avec le rôle de Chris Townsend, un jeune musicien qui joue dans un groupe rock avec son meilleur ami David (Alan Boyce).*

Ce qui aurait pu être un film noir devient en fait une expérience stimulante. Le succès provient, en grande partie, de la façon dont Keanu Reeves joue les scènes délicates de son personnage. Pendant les vingt premières minutes, il se montre un adolescent ordinaire, un rôle qu'il a déjà joué souvent. Ce n'est qu'après la mort de David que Keanu Reeves exprime un côté plus profond, quand Chris apprend le suicide de son ami et doit décider de révéler cette nouvelle aux copains de l'école et aux parents de David. On assiste alors au conflit intérieur de Chris, rendu avec talent par Keanu. Film à l'intrigue et aux personnages réalistes, *Permanent Record* réussit à orchestrer une discussion intelligente sur des sujets difficiles.

Le producteur Mancuso explique les prémisses de *Permanent Record*: «Les années du cours secondaire sont une période difficile de l'existence. De nos jours, on exerce beaucoup de pression sur les jeunes pour qu'ils ne soient pas des perdants dans la vie. Il leur faut de bons résultats pour être acceptés dans les collèges ou universités réputés et pour obtenir plus tard un travail intéressant qui rapporte assez. C'est une lourde responsabilité pour un adolescent de 18 ans. Certaines de ces pressions proviennent de l'obligation d'effectuer des choix avant même de savoir ce qu'ils signifient. Je voulais faire un film qui traite ces problèmes avec sensibilité.»

Frank Mancuso engage Marisa Silver pour réaliser son concept à l'écran. Le premier long métrage de celle-ci comme réalisatrice et scénariste est *Old Enough*, primé au United States Film Festival et au Houston Film Festival. C'est une cinéaste de documentaires talentueuse, qui veut maintenant réaliser des films de fiction. «*Permanent Record* est une histoire de survie, confirme Marisa Silver. C'est un film traitant d'un événement tragique et de son influence sur ceux qui le vivent: comment cela les affecte et les pousse à prendre leur vie en charge et à aller plus loin.» La tâche la plus difficile, pour Marisa Silver, est de choisir les acteurs de

*Dans* Permanent Record, *Chris (Keanu) apprendra que la mort de son ami David est en fait un suicide.*

*Un leader adolescent:* Permanent Record *permet à Keanu de développer à fond son personnage.*

son film. Il n'est pas question d'engager des noms très connus pour remplir les nombreux rôles et pas seulement à cause du budget limité. «Nous ne voulions pas de personnages qui seraient catégorisés facilement, affirme-t-elle. Il était important de trouver des acteurs typés dès le départ, parce l'histoire montre comment leur personnalité change à cause de ce qui arrive.»

Après le choix d'Alan Boyce, pour le court rôle de David Sinclair, Marisa Silver se consacre à dénicher l'acteur idéal pour jouer son meilleur ami, Chris Townsend. Keanu Reeves a déjà une bonne idée du personnage: «Chris est un bon gars, mais il possède une joie de vivre qui le rend parfois téméraire. Il n'est pas un bon élève. Ses priorités sont la musique et jouer avec son groupe. Son ami David est son inspiration. Quand David meurt, il ressent la plus grande douleur de sa vie. Son monde est bouleversé, mais la mort de David lui donne une importante leçon de vie.» Pour le producteur Frank Mancuso, Keanu Reeves est la personne idéale pour ce rôle. «Nous cherchions un acteur pour interpréter quelqu'un qui a constamment les nerfs à vif, dit-il. Quelqu'un toujours en train de repousser les limites pour voir jusqu'où il peut aller... un vrai ma-

*Le personnage de Keanu, Chris, est déchiré par le suicide de son ami David, mais il doit arriver à l'accepter.*

niaco-dépressif. Keanu est capable d'exprimer ça.»

*Permanent Record* est tourné à Portland et sur la côte de l'Oregon. «Cette histoire pourrait se dérouler n'importe où, continue le producteur. Nous avons choisi le nord-ouest à cause de la beauté des paysages. Nous ne voulions pas d'un milieu opprimant. Le grand thème du film est la vie elle-même et il fallait que l'environnement symbolise la régénération.»

La musique est très importante pour l'atmosphère du film et vitale pour bien rendre l'histoire. «Les préoccupations des jeunes d'aujourd'hui sont évoquées par la musique», explique Becky Mancuso, la directrice musicale de *Permanent Record*. Joe Strummer, de Clash, compose la trame musicale du long métrage et écrit plusieurs chansons originales pour exprimer l'anxiété des adolescents. L'idole Lou Reed joue un petit rôle de chanteur rock célèbre, que rencontrent David et Chris en s'introduisant sans permission dans un studio lors d'une séance d'enregistrement au début du film.

Avec la participation de Paramount Films et un budget de huit millions de dollars, le tournage de *Permanent Record* se passe très bien pour Keanu Reeves. Il aime faire ce film mais, malgré la réaction positive des médias, il ne le considère pas comme une étape importante de sa carrière. Le message puissant de *Permanent Record* est en effet très bien accueilli par la critique. Pour *Variety*, «la performance de Keanu Reeves évolue agréablement à mesure que le film progresse.» Et le *Los Angeles Times* affirme que Keanu y démontre «une vitalité détendue et une honnêteté sans faille». Enfin, dans le *Boston Globe*, on note qu'il est «un jeune acteur de talent à l'instinct remarquablement sûr».

Le jeune acteur possède peut-être un instinct très sûr pour éveiller l'admiration des spectateurs de *Permanent Record*, mais celui-ci semble l'abandonner quand il choisit certains rôles. Il semble que ce soit le cas lorsqu'il accepte de jouer dans *The Night Before*. Se voulant une comédie, l'histoire est racontée par des retours en arrière au moment où le héros, Winston Connelly (Keanu Reeves), se trouve devant un camion qui fonce sur lui. Le film montre alors les événements des heures précédentes de la vie du jeune homme. C'est un long métrage d'adolescents typique, mettant en scène un bal des finissants qui tourne au cauchemar. Keanu, accompagné de Lori Loughlin (sa partenaire de *The Brotherhood of Justice*), subit une série de mésaventures stupides et aboutit dans une boîte de nuit de bas étage.

Le réalisateur, Thom Eberhart, dirige péniblement cette histoire éculée jusqu'à sa conclusion, mais sans tirer parti du talent de Keanu Reeves, démontré dans *The River's Edge* et *Permanent Record*. Le jeune acteur n'a peut-être pas d'affinités pour ce genre de comédie à ce moment-là; c'est pourquoi sa performance rigide constitue moins une déception qu'on pourrait le croire. De toute façon, *The Night Before* n'aura qu'une diffusion très restreinte, ce qui convient parfaitement à Keanu. Celui-ci l'explique ainsi: «C'est un film sur le rite de passage à l'âge adulte. Vous savez, le gars désire la fille, le gars obtient la fille. J'étais dans chaque scène, un débile à la gueule de bois...»

Devenu plus difficile pour ses rôles à la suite de *The Night Before*, Keanu Reeves refuse de jouer la vedette dans la suite de la nouvelle version de *The Fly* (*La mouche*) de David Cronenberg et continue plutôt d'exploiter la veine des films d'adolescents originaux. À ce titre, *The Prince of Pennsylvania* est le genre de longs métrages qui l'intéresse.

Il s'agit d'une comédie de caractère étrange, dans laquelle Keanu peut interpréter à l'extrême son personnage d'adolescent confus. Il incarne Rupert Marshetta, un jeune issu d'une famille typique de la classe moyenne, aux côtés de Fred Ward (Gary, le père) et de Bonnie Bedelia (Pam, la mère). Rupert n'a pas envie de faire partie du parfait idéal amé-

*Keanu fait de nouveau équipe avec Lori Loughlin dans la comédie* The Night Before.

*Keanu essaie un nouveau look pour jouer Rupert Marshetta dans* The Prince of Pennsylvannia.

ricain. Avec sa coiffure punk et son attitude décontractée face à ses études et à son avenir, il ne veut pas suivre l'exemple de son père et travailler laborieusement pour l'entreprise minière familiale. Il courtise plutôt Carla (Amy Madigan), une ex-hippie plus vieille qu'il considère comme l'incarnation de la sexualité féminine, malgré la fait qu'elle a une semi-liaison avec le policier de la ville. Quand son père, Gary, sent qu'il n'a plus le contrôle de sa famille en apprenant que sa femme a eu une aventure avec son meilleur ami, il décide d'obliger son fils à travailler à la mine. Pour éviter la confrontation avec son père, Rupert met au point un plan compliqué pour enlever celui-ci et obliger sa mère à vendre la mine pour payer la rançon.

*The Prince of Pennsylvania* est l'œuvre du réalisateur et scénariste Ron Nyswaner, auteur de bons films comme *Mrs Soffell* et *Smithereens*. Le film marque ses débuts en réalisation, et il décide de le situer dans un milieu qu'il connaît bien, c'est-à-dire sa ville natale, dans les banlieues minières de Philadelphie. Pendant la production, il emmène tous les membres de son équipe visiter la région en détail pour leur faire comprendre ce milieu ouvrier où la vie de la communauté est centrée sur l'industrie minière. «Les gens du coin étaient contents que nous tournions un film chez eux, dit Ron Nyswaner. Dans une ville, nous voulions tourner de nuit en extérieur, et ils ont tout fermé pour nous. Puis, nous avions besoin de filmer une vue d'ensemble en plongée et les pompiers nous ont prêté leur échelle de 30 mètres pour notre caméra.»

Dans une scène du film, le personnage de Rupert se joint à un raid d'une bande de motards lors d'une danse, à l'école secondaire. Au sein du groupe, Keanu est le seul acteur professionnel; tous les autres participants sont des personnes de l'endroit recrutées par l'équipe de Ron Nyswaner. «C'était plutôt terrifiant pour un réalisateur débutant, admet celui-ci. Il y avait 150 figurants, incluant des étudiants du secondaire et de vrais motards avec leurs motos. En réalité, les motards ont fait du bon travail, sauf un soir où ils ont bu et où nous avons dû annuler le tournage de leurs scènes. Mais, la plupart du temps, ils étaient coopératifs et charmants. J'ai fait mon cours secondaire avec certains d'entre eux.»

Malgré tout, *The Prince of Pennsylvania* ne devient pas un film extraordinaire et présente une vision amusante, plutôt que réfléchie, de la classe moyenne à la fin des années 80. Après les critiques élogieuses reçues pour *River's Edge*, Keanu est maintenant la cible de la risée des critiques pour son rôle dans *The Prince of Pennsylvania*.

David Edelstein, dans le *Village Voice*, se montre dur surtout envers Ron Nyswaner, le réalisateur, qui s'occupe trop, selon lui, de la scénarisation. «Il ne parvient pas à rendre plausible, écrit-il, l'histoire de l'enlèvement (une idée stupide qui n'a aucune chance de réussir) et il n'arrive pas à trouver un ton juste dans la deuxième partie. Il rend des absurdités ordinaires totalement ridicules... Keanu possède un certain charme gauche, mais ses émotions sont banales. Il ne prend aucun risque et son état de confusion maladroite empêche le film d'avoir quelque force que ce soit.» La presse britannique n'est guère plus tendre pour le film. Le *London Times* qualifie le film de «bien intentionné... schématique à l'extrême, avec des personnages sans profondeur». Et le *Sunday Telegraph* pense que le film «crée une impression véritable d'un lieu et d'une classe claustrophobes, mais l'histoire se base sur l'imaginaire adolescent et ne réussit pas à en sortir, malgré un scénario spirituel et bien écrit.»

Même si les critiques n'aiment pas le film, Keanu Reeves est, quant à lui, assez content de sa performance dans *The Prince of Pennsylvania* et se désintéresse du fait que ce ne soit pas un grand succès au box-office. «Dieu merci pour la vidéo, dit-il. Ça donne une deuxième chance aux petits films.» Cela aidera aussi beaucoup la carrière du jeune acteur.

Après l'expérience de *The Prince of Pennsylvania*, Keanu pense qu'il est temps pour lui de s'attaquer à autre chose que des rôles d'adolescents. Il

*Keanu se bat en duel avec John Malkovich à la fin de* Dangerous Liaisons.

en a toute une panoplie dans son curriculum et, à l'âge de 23 ans, il lui est de plus en plus difficile de passer pour 17 ans, même avec son air angélique. Depuis un bon moment déjà, cet adepte de Shakespeare ne participe plus à aucune production à caractère littéraire et cela lui manque. C'est pourquoi il accepte de travailler dans le film *Dangerous Liaisons*, même s'il est très étrange de voir Keanu Reeves, l'idole des jeunes, jouer dans un drame d'époque. En effet, le jeune acteur croit que c'est ce qui se rapproche le plus des pièces shakespeariennes parmi ce qu'on lui propose. Il ne veut donc pas rater cette occasion.

Cette nouvelle version cinématographique de l'histoire est inspirée du roman de Choderlos de Laclos, *Les Liaisons dangereuses*, écrit en 1782. Ce chef-d'œuvre érotique et psychologique, rédigé sous forme de lettres et enseigné dans les cours universitaires de littérature, jouit d'une réputation scandaleuse et fait l'objet de plusieurs censures depuis sa publication.

Le dramaturge britannique Christopher Hampton est l'un de ceux qui est fasciné par le livre de Choderlos de Laclos. Pendant longtemps, il pense à l'adapter pour le théâtre. L'occasion se présente en 1984, quand la Royal Shakespeare Company l'engage pour écrire une pièce de théâtre de son choix. Par la suite, l'œuvre ainsi créée gagne le Olivier Award en

1986, est jouée plus de 800 fois à Londres et est montée un peu partout (à Broadway et à Paris, entre autres).

La possibilité d'une version cinématographique de la pièce est évoquée peu de temps après sa première, à Londres, en 1986. Le réalisateur Stephen Frears, un vétéran de la télévision britannique et d'étranges films à petit budget comme *My Beautiful Launderette* et *Prick Up Your Ears* (*Passion meurtrière*), s'intéresse rapidement au projet. «*Les Liaisons dangereuses* est une histoire si merveilleuse, dit-il. Elle se passe peu avant la Révolution française, mais elle est très moderne dans son traitement de l'amour. Nous sommes habitués à un comportement aussi corrompu.» Christopher Hampton écrit le scénario du film, mais plutôt que de le baser sur sa pièce, il se sert de l'œuvre originale comme inspiration. Il explique ainsi sa démarche: «J'ai vraiment mis ma pièce de côté et je suis reparti du livre en essayant de le repenser. La montée dramatique au théâtre est différente, il faut plus de temps.»

Mettant en scène l'aristocratie de la cour de France à la veille de la Révolution française, le drame de *Les Liaisons dangereuses* a lieu à une époque de décadence légendaire. Les personnages de ce milieu privilégié se consacrent à la recherche du plaisir, qui est d'autant plus satisfaisant si on l'obtient en faisant souffrir les autres. Parmi les plus décadents de ces manipulateurs se trouvent deux anciens amants: la marquise de Merteuil et le vicomte de Valmont. L'histoire raconte une série de séductions réussies, ou presque, qui sont orchestrées par ces deux personnages dans un jeu maléfique de concurrence émotionnelle et romantique.

Le problème du casting des acteurs de *Dangerous Liaisons* est aussi délicat pour le réalisateur Frears que l'adaptation de l'histoire pour le scénariste Hampton. Même si ce dernier se fonde sur le roman pour écrire le scénario, la plupart des dialogues proviennent de sa pièce. Stephen Frears veut donc engager des acteurs ayant une expérience du théâtre, afin qu'ils puissent bien rendre le côté théâtral de leurs répliques. Toutefois, désirant un succès au box-office pour son film, le réalisateur sait qu'il lui faut une distribution de grands noms, pouvant attirer le public à voir une œuvre plutôt difficile. «Pour moi, explique-t-il, l'accès au matériel passe par les acteurs. Ce film parle de personnes qui manipulent leurs sentiments avec plus ou moins de succès, et les acteurs américains expriment très bien les sentiments, surtout quand la caméra les filme de très près.»

Glenn Close, avec sa formation théâtrale et son grand succès dans le film *Fatal Attraction* (*Liaison fatale*), est un choix naturel pour jouer la manipulatrice Merteuil. «C'est un rôle que j'ai toujours voulu jouer, confie l'actrice. Merteuil est très moderne, c'est une femme très intelligente née au mauvais siècle. Elle n'a aucune façon d'exprimer son génie, sauf par la manipulation de son entourage.» Pour compléter le duo maléfique, Stephen Frears engage John Malkovich pour le rôle du séducteur Valmont. Celui-ci explique ainsi son personnage: «Valmont est né avec tant d'avantages... Il est intelligent, spirituel, riche et séduisant, mais, malgré tout, il ne pense qu'à la destruction. Son humour, son énergie, sa passion et son talent, entièrement consacrés à la décadence, ne peuvent aboutir qu'à un seul résultat: la révolution.»

Dans le film, le fiancé de Merteuil, le comte de Bastide, abandonne celle-ci pour la virginale Cécile de Volanges (Uma Thurman, alors âgée de 18 ans). Pour se venger, Merteuil réclame alors l'aide de Valmont et essaie de le persuader de séduire Cécile, afin d'offenser le comte de Bastide. Mais Valmont est plus intéressé par le défi posé par madame de Tourvel (Michelle Pfeiffer), une épouse très fidèle à son mari. Pris au milieu de toutes ces manigances se trouve un jeune professeur de musique, le chevalier Darceny (Keanu Reeves), qui est charmé par sa nouvelle élève, Cécile de Volanges.

De toute la distribution de *Dangerous Liaisons*, seule Michelle Pfeiffer n'a pas l'expérience du théâtre, car même les deux jeunes, Keanu Reeves et Uma Thurman, possèdent une certaine formation en ce domaine. Ce nouveau rôle a aussi un autre avantage intéressant pour Keanu: un voyage à Paris en mai 1988, où le film sera tourné dans huit châteaux magnifiques des environs de la capitale française. Afin d'assurer le réalisme de la production, un comte français est engagé pour enseigner à l'équipe technique et aux acteurs les détails de l'étiquette du XVIIIe siècle. Les acteurs se font emprisonner dans des costumes aux corsets étouffants et aux collets montants. Ils doivent également porter de lourdes perruques, énormes et extravagantes.

Même s'il a une grande expérience des caméras de cinéma, Keanu Reeves éprouve un problème majeur pendant le tournage de *Dangerous Liaisons*. En effet, il est incapable de verser des larmes sur demande. Quand il doit pleurer dans une des premières scènes du film, le jeune acteur ne peut s'exécuter, malgré les exhortations de plus en plus excédées de Stephen Frears. Keanu prétend que le réalisateur lui crie même, à un moment donné: «Essaie de t'imaginer que ta mère est morte ou quelque chose comme ça!» Après quelques heures, le «chevalier» réussit enfin à faire couler ses larmes, sa performance la plus difficile jusqu'à ce jour.

Le rôle de Keanu dans le film est crucial pour lui. Même s'il est moins important que dans le scénario original (dans lequel il devient l'amant de Glenn Close), on voit le jeune acteur dans plusieurs scènes.

Il est la deuxième vedette masculine après John Malkovich. Il a même l'occasion de livrer un duel enlevant à ce dernier, pour lequel il utilise l'expérience acquise dans *Roméo et Juliette*, en 1985. John Malkovich développera d'ailleurs une attitude protectrice envers son jeune partenaire sur le plateau de tournage. Aux dires de ce dernier: «Il est l'archétype du jeune Américain à problèmes, un peu comme un jeune frère ou quelqu'un qu'on voudrait aider. Il ne le demande pas, mais ceux qui sont plus âgés que lui ressentent le besoin de le protéger.»

Son travail dans *Dangerous Liaisons* donne à Keanu Reeves le goût de travailler davantage avec des réalisateurs européens, ce qu'il fera par la suite avec Bernardo Bertolucci, Kenneth Branagh et Jan De Bont. «Il y a plus de poésie dans le travail [de Stephen Frears], explique-t-il. Je suppose qu'il y a là une sensibilité, non pas romantique, mais plutôt très sensible. Et dans la relation entre la parole et le geste, [Stephen Frears] semble se rapprocher plus de cette partie de l'art cinématographique»

Le film est tourné en dix semaines seulement, non pas à cause de restrictions budgétaires (Stephen Frears dispose de 14 millions de dollars, cinq fois plus que son plus gros budget jusque-là), mais parce qu'une production rivale lui fait concurrence. Au moment où la production de Stephen Frears se prépare, le réalisateur Milos Forman discute aussi avec Christopher Hampton d'une adaptation de *Les Liaisons dangereuses*. Lui aussi il décide de ne pas utiliser la pièce de théâtre et de s'inspirer du roman pour son film, dont le titre sera *Valmont*. En réalité, il existe également une autre version cinématographique de l'histoire, réalisée en France par Roger Vadim, en 1960.

Les craintes de Frears au sujet du film de Milos Forman, cependant, ne sont pas fondées. Les vedettes du long métrage du réalisateur tchèque, Colin Firth et Meg Tilly, ne font pas le poids face au duo dynamique de Glenn Close et John Malkovich. Et *Dangerous Liaisons* sort dans les cinémas en décembre 1988, bien avant *Valmont*, ce qui le rend éligible pour des nominations aux oscars. Le film en reçoit sept en tout et en gagnera trois: meilleure direction artistique, meilleur scénario et meilleurs costumes. Mais les oscars du meilleur acteur et de la meilleure actrice échappent à Glenn Close et à John Malkovich.

Dangerous Liaisons est accueilli de façon partagée par les critiques. *Newsweek* le qualifie de «méchant plaisir décadent» et *People* dit qu'il «rend très proches de nous les personnages d'il y a 200 ans... attirants, terrifiants, sauvagement spirituels». Pour certains, la présence de Keanu Reeves dans le film porte une grave atteinte à la crédibilité de celui-ci. Selon le *New York Post*, par exemple, Keanu n'est «de toute évidence, pas à sa place» dans un drame d'époque comme *Dangerous Liaisons*. En effet, le public (qui le connaît pour ses rôles d'adolescents bizarres) ne croit pas en son personnage rigide de professeur de piano, et le jeune acteur lui-même semble parfois mal à l'aise dans ce rôle. De plus, les superbes performances de Glenn Close et de John Malkovich le mettent dans l'ombre.

Cependant, plusieurs pensent que lors du combat entre John Malkovich et Keanu Reeves, durant le dénouement du film, ce dernier retrouve ses moyens. Pendant le duel à l'épée et les séquences suivantes, quand il entend la confession de John Malkovich et devient son messager posthume, Keanu justifie sa présence dans le film. Dommage que la scène prévue dans le scénario d'une relation entre la marquise de Merteuil et le chevalier Darceny soit supprimée, car cela ajouterait un intérêt certain au personnage de Keanu Reeves.

Malgré les critiques négatives envers Keanu parce qu'il ose s'attaquer à un rôle de cape et d'épée qui tranche avec le reste de sa carrière, *Dangerous Liaisons* constitue une expérience charnière importante pour le jeune acteur. Avec ce film, Keanu Reeves réussit à se débarrasser de son image d'adolescent et à passer aux rôles de jeune adulte. En outre, cette expérience dans un drame historique lui permet probablement de réaliser son rêve de jouer Shakespeare au grand écran, dans le film de Kenneth Branagh, *Much Ado About Nothing*, quatre ans plus tard.

Cependant, à mesure que sa carrière évolue et lui rapporte des cachets de plus en plus substantiels, Keanu Reeves développe une véritable passion pour la vitesse. Depuis son arrivée à Hollywood, il achète des motos très puissantes qu'il conduit de façon résolument intrépide.

Keanu acquiert sa première moto après s'être débarrassé de sa vieille Volvo. Ensuite, il se procure une moto Guzzi et utilise aussi une Harley de location. Puis, il sera propriétaire d'une Combat Norton 1972 et d'une Norton Commando 1974. Il adore rouler à folle allure dans les rues de Los Angeles, souvent sans porter de casque et sans allumer son phare et ses feux de position. Pour lui, c'est une façon de relâcher la tension et d'échapper aux pressions énormes de sa carrière cinématographique. Mais certains voient les risques qu'il prend d'un œil différent et pensent plutôt que le jeune homme cherche à mettre sa propre mortalité à l'épreuve. Une telle attitude est lourde de conséquences pour Keanu Reeves, qui fait, à cette époque, plusieurs chutes en moto, dont certaines très sérieuses.

Entre les auditions, à New York, pour le rôle du chevalier Darceny dans *Dangerous Liaisons* et le moment où il décroche celui-ci, Keanu frôle la mort dans un grave accident de moto en 1987 à Topanga Canyon, près de Los Angeles. Son état est si critique qu'on doit l'opérer pour enlever sa rate endommagée. Cette intervention lui laisse une longue cicatrice, du bas de la poitrine jusqu'au nombril, qui posera des problèmes aux maquilleurs dans les films où le jeune acteur devra jouer torse nu.

Pendant sa convalescence à l'hôpital et encore sous le choc de l'accident, Keanu refuse pourtant de se laisser convaincre de mettre en veilleuse sa passion pour les motos. Il subira ultérieurement d'autres collisions moins graves et continuera de conduire malgré tout. Il se rappelle un de ces incidents: «J'ai une cicatrice sur le genou, toute petite. J'étais sur ma moto au coin de Hollywood et Normandie, et une automobile a foncé sur moi. J'ai sauté de la moto juste avant la collision. J'ai culbuté dans les airs et atterri sur le dos, sur le trottoir. La personne qui a frappé ma moto m'a affirmé: "Tu volais dans les airs et j'ai pensé que tu étais mort. Puis, tu t'es relevé. Je ne pouvais pas le croire." Pendant que j'attendais l'ambulance, deux jeunes garçons me regardaient avec des yeux apeurés. Je leur ai dit: "J'ai volé pour vrai, hein?" Je riais comme un fou. Ma moto était complètement démolie...»

Quand il n'est pas en train de faire des chutes en moto ou de donner la réplique dans un drame d'époque, Keanu Reeves s'adonne aux plaisirs que lui permet sa nouvelle prospérité. «J'aime bien sortir, confie-t-il à *Interview* en 1990. Je m'amuse. Je n'ai pas beaucoup d'invitations ou de rendez-vous, ça dépend de ce qui arrive. Parfois, je demande à mes amis ce qu'ils font et comment ça va. Je vais au musée, je fais n'importe quoi... prendre un verre, danser, jouer de la musique. Quelquefois, je vais dans les boîtes de nuit. J'aime le blues. Le blues m'a toujours permis de passer des moments agréables et inspiré mes meilleures émotions.»

En vivant et en travaillant à Los Angeles, Keanu ne manque pas d'occasions pour se lancer dans les conquêtes amoureuses. Mais, à l'âge de 24 ans, il a toujours des problèmes de ce côté-là. Il n'arrive pas à faire durer ses relations avec les femmes auxquelles il s'intéresse. On dirait qu'il demeure continuellement sur ses gardes à cause de l'insécurité de son enfance, de l'abandon par son père et la série de pères de remplacement qu'il a connus.

Toutefois, il semble que l'amour, le sexe et les relations intimes soient moins importants pour Keanu que le plaisir solitaire de se promener en moto à des vitesses mettant en danger sa santé et son bien-être. «Je conduis ma moto de temps en temps, affirme-t-il encore. Je pars vers minuit ou une heure du matin et je ne m'arrête pas avant quatre heures. Je traverse la ville pour voir qui fait quoi et où. Je vais au centre-ville, un peu partout, et j'observe ce qui se passe. J'aime bien...»

## CHAPITRE 4

# L'excellente aventure de Keanu

Après avoir joué dans un drame d'époque et frôlé la mort, Keanu Reeves doit maintenant décider de l'orientation de sa carrière dans la nouvelle décennie qui s'en vient. Il est loin de se douter que *Bill & Ted's Excellent Adventure*, une comédie de voyage dans le temps à petit budget tournée deux ans plus tôt, va enfin sortir dans les cinémas et le rendre encore plus célèbre.

À la fin des années 80, Keanu est avant tout satisfait que son image d'acteur de films d'adolescents ne lui colle plus à la peau. Il est maintenant dans sa vingt-cinquième année, même s'il peut encore facilement passer pour seize ans dans ses films tels *Permanent Record* et *The Night Before*. «Si tu ne fais que symboliser la jeunesse de ton époque, confie-t-il, tu passeras de mode dès qu'arrivera la prochaine vague de jeunes qui seront à la recherche de nouveaux symboles. Sans pointer personne du doigt, je connais beaucoup de gens à qui c'est arrivé.»

Cependant, si Keanu Reeves décidait de tourner un autre film comme *Dangerous Liaisons* qui soit trop différent des attentes de ses fans adolescents de plus en plus nombreux, ceux-ci n'iraient probablement pas voir. Il lui faut donc changer subtilement de trajectoire, et Keanu est assez intelligent pour savoir qu'il doit modifier son image et étendre son répertoire de rôles graduellement plutôt que brutalement, en participant à un grand film dramatique. En attendant, il s'occupe en jouant dans la comédie satyrique *Parenthood* (*Portrait craché d'une famille modèle*), réalisée par Ron Howard.

Ron Howard est une ancienne jeune vedette de la télévision américaine. Il se fait connaître dans le *Andy Griffith Show* et la comédie télévisée des années 70, *Happy Days* (dans laquelle il joue Richie, le meilleur ami du Fonz de Henry Winkler). Il commence sa carrière de réalisateur de cinéma chez Roger Corman, le roi des films à petit budget, aux côtés de Francis Ford Coppola et de Martin Scorcese, avant de tourner le film de

*Keanu et Martha Plimpton dans* Parenthood; *elle était la petite amie de River Phoenix.*

science-fiction *Cocoon*, en 1985. Son idée, concernant *Parenthood*, commence à prendre forme quand il devient père pour la première fois, neuf ans avant de pouvoir mettre son projet à exécution.

Dans *Parenthood*, Keanu Reeves fait partie d'une grande distribution prestigieuse comprenant Steve Martin, Mary Steenburgen, Dianne Wiest, Jason Robards, Rick Moranis et Tom Hulce. Mais il s'agit, une fois de plus, d'un rôle d'adolescent à problèmes: il joue Tod qui est le petit ami de Julie (Martha Plimpton), la fille de 16 ans de Dianne Wiest dans le film. Keanu figure au sommet de la liste de jeunes acteurs en vogue que Ron Howard a en vue pour ce rôle.

*Parenthood* est un ensemble d'histoires et de relations entremêlées de beaucoup d'humour. Le film est très drôle pour la plupart des spectateurs, qui y retrouvent des éléments de leur expérience personnelle. Steve Martin joue Gil, qui essaie désespérément d'être un meilleur père pour ses trois enfants que son père (Jason Robards) ne l'a été pour lui. La sœur de Gil, Helen, a ses propres problèmes avec sa fille Julie, que Tod rendra enceinte, et son fils (Leaf Phoenix), qui est un maniaque des jeux vidéo. Le frère (Rick Moranis) de Gil a une fille qui est un génie en herbe et qui éclipse les enfants de celui-ci. Il y a aussi un autre frère (Tom Hulce), qui est un joueur invétéré, mais que le père considère avec indulgence jusqu'à ce qu'il ne puisse plus ignorer ses escroqueries.

Le *New Yorker* voit le film comme «construit ambitieusement... Ron Howard a réuni une distribution de première classe, incluant Keanu Reeves. Ils travaillent tous très fort pour donner vie à leur personnage schématique.» *Rolling Stone* écrit: «*Parenthood* livre des observations pointues.» Quant à *Variety*, il qualifie le long métrage de «regard ambitieux, juste et souvent très drôle sur les passages les plus difficiles de la vie. Le meilleur aspect de *Parenthood* est qu'il couvre toute la gamme de l'expérience familiale en offrant les points de vue très différents de tous ses membres.»

Grâce à *Parenthood*, Keanu rencontre l'acteur

*En jouant Tod dans* Parenthood, *Keanu peut s'adonner à sa passion de la vitesse dans les scènes de course.*

River Phoenix, dont il devient le grand ami. Celui-ci raconte: «J'ai rencontré Keanu par l'entremise de mon ancienne petite amie, Martha [Plimpton], pendant qu'ils tournaient tous les deux *Parenthood*. Mon frère Leaf en faisait partie. Ils étaient copains avant que je devienne son ami. Je le trouvais sympathique et je voulais travailler avec lui. Il est comme mon frère aîné, mais moins grand...»

L'amitié de River et de Keanu se poursuivra pendant le tournage de *I Love You to Death*, dans lequel ils jouent quelques scènes ensemble, et *My Own Private Idaho*, le film qui marque le début de la dépendance de

Phoenix envers la drogue (qui causera éventuellement sa mort). Keanu Reeves restera son ami jusqu'à la fin. Son décès, en 1993, aura d'ailleurs un effet important sur Keanu, en changeant son attitude face à la drogue et en lui donnant un sens accru de sa mortalité, à l'écran comme dans la vie.

C'est donc un petit rôle éblouissant qui est ensuite à l'ordre du jour de la carrière de Keanu Reeves dans *I Love You to Death*, une sombre comédie inspirée de faits vécus. Le film parle d'un propriétaire italo-américain de pizzeria, Joey Boca (Kevin Kline), dont la femme désenchantée, Rosalie (Tracey Ullman), décide de le tuer avec la complicité du jeune employé de leur restaurant, Devo Nod (River Phoenix). Toutefois, Joey se montre très résistant aux pièges qui lui sont tendus et survit à une bombe posée dans sa voiture, à une surdose de poison mêlée à ses spaghettis et à une balle de fusil tirée vers sa tête.

Désespérés, Rosalie et Devo font alors appel à un duo de tueurs défoncés nommés Harlan et Marlon James, interprétés par William Hurt et Keanu Reeves. Mais ceux-ci se révèlent aussi incapables d'accomplir leur tâche que leurs employeurs. *I Love You to Death* est tiré d'événements de la vie d'Anthony et Frances Toto et de Barry Giacobe, avec les enjolivements habituels de toute adaptation cinématographique hollywoodienne.

Le producteur Ron Moler s'intéresse à cette histoire criminelle en 1984. Il lit alors les articles qui relatent les cinq tentatives ratées de meurtre sur Anthony Toto par sa femme rendue jalouse en raison de ses aventures amoureuses. Et le plus étonnant de cette affaire est son dénouement; en effet, le couple reprend la vie commune à la sortie de prison de Frances Toto. L'histoire est idéale pour un long métrage comique, et Ron Moler commence à travailler sur ce projet avec son partenaire Patrick Wells et le scénariste John Kostmayer.

On choisit Tacoma Washington pour le tournage de *I Love You to Death*, qui commence en avril 1989. Les scènes tournées en intérieur, mettant en scène William Hurt et Keanu Reeves, le sont par la suite aux studios Raleigh de Hollywood. Keanu est engagé par le réalisateur Lawrence Kasdan, eu égard à sa performance dans *River's Edge* et sur la recommandation de Ron Howard (le réalisateur de *Parenthood*).

Quand il rencontre William Hurt pendant les répétitions, Keanu Reeves est impressionné par cet acteur de talent plus expérimenté que lui. «J'étais vraiment intimidé par William Hurt au début, confie-t-il. C'est un acteur tellement fantastique... un gars vraiment sérieux.» Le

*«William Hurt est un gars très sérieux», dit Keanu de son partenaire de* I Love You to Death.

jeune acteur tire avantage de sa collaboration dans *I Love You to Death* avec des acteurs chevronnés comme William Hurt et Kevin Kline pour leur poser différentes questions sur leur métier. Toujours avide d'apprendre, Keanu profite de toutes les occasions pour connaître les méthodes des gens avec qui il travaille.

Pour Keanu, il s'agit d'une expérience où on le laisse libre d'élaborer son personnage à sa guise. Voici ce qu'il en dit: «De temps en temps, j'aime bien que [le réalisateur] me laisse tranquille. Tout dépend de mon état d'âme et de l'atmosphère de la production. Dans *I Love You to Death*, Lawrence Kasdan m'a laissé toute la latitude voulue et j'ai décollé. Ce qui n'est pas nécessairement mauvais. Mon personnage est inoffensif. Lawrence Kasdan voulait qu'il soit en dehors de tout, totalement confus. Un gars innocent et défoncé... c'est pourquoi ils m'ont engagé!»

Keanu Reeves apprécie son petit rôle amusant dans *I Love You to Death*. William Hurt et lui deviennent en fait les principales attractions du film par leurs tentatives gauches de s'acquitter de leur tâche macabre, sous la surveillance de River Phoenix. Avec leurs personnages aux tics nerveux hilarants et aux dialogues truffés de silences lourds de sens et de phrases inachevées, ils volent presque la vedette au personnage plus réservé de River Phoenix.

À sa sortie dans les cinémas, *I Love You to Death* reçoit un accueil mitigé. Le film semble être une comédie trop noire pour la plupart des spectateurs américains. Mais plusieurs critiques parlent des performances désopilantes de William Hurt et de Keanu Reeves. *Rolling Stone* qualifie le duo «d'une des paires les plus étranges à l'écran dans les dernières années. William Hurt et Keanu Reeves s'amusent comme des fous à interpréter les rôles des deux drogués engagés pour achever Joey d'une balle dans la poitrine.» Le *Village Voice* affirme que «Keanu semble plus attirant et également plus attentif que d'habitude.»

À Londres, le *Daily Telegraph* déclare que «William Hurt et Keanu Reeves livrent une performance de défoncés qui leur donne, en comparaison à Cheech et Chong, un air d'employés de IBM.» Le *London Times* s'arrête aussi sur les bouffonneries du duo d'acteurs: «William Hurt et Keanu Reeves font les cabotins à l'extrême, tout comme le macho italien maniaque de Kline.» Le *Guardian*, par contre, pense que les deux sont «absolument mauvais dans leurs rôles de tueurs bêtes comme tout».

En 1987, après *River's Edge*, Keanu Reeves accepte un rôle amusant (mais qu'il croit sans importance) dans un petit film au scénario un peu fou. Entre ses collaborations à *Permanent Record* et à *The Night Before*, le jeune acteur participe donc au tournage de *Bill & Ted's Excellent Adventure*, en mai de cette année. Mais ce film restera sur les tablettes des distributeurs plus de deux ans et le jeune acteur n'y pense même plus. Toutefois, en 1989, le personnage de Ted Logan resurgit de façon dramatique dans la vie et la carrière de Keanu.

Les scénaristes Chris Matheson et Ed Solomon inventent pour *Bill & Ted's Excellent Adventure* une histoire typique de voyages dans le temps mettant en scène deux adolescents idiots, mais sympathiques, qui explorent le passé et le futur pour parfaire leur éducation. Les personnages proviennent de spectacles d'improvisation créés par Chris Matheson et Ed Solomon et de lettres qu'ils s'écrivent l'un à l'autre. Ce dernier affirme que la façon de parler de Bill et de Ted découle de leurs personnages mêmes: «Notre concept original était "deux garçons de 15 ans qui discutent des affaires de la planète". On les a fait parler des problèmes commerciaux et des points chauds du monde, mais la seule conclusion des jeunes est invariablement de hurler une exclamation dans leur jargon! Un soir, Ed et moi avons joué ces gars-là durant trois heures après le spectacle [d'improvisation]. On a ajouté des détails par la suite, mais plusieurs éléments inventés à ce moment-là se retrouvent dans le film.»

Ed Solomon et Chris Matheson travaillent au scénario de *Bill & Ted's*

*Excellent Adventure* pendant environ deux ans. «Notre première vision était éclatée, détendue et non structurée, ce qui lui donnait une folle irrévérence, mais nous l'avons organisée ensuite, continue Matheson. La façon de voyager dans le temps a changé aussi. Au départ, c'était Rufus [le mentor du futur de Bill et de Ted, joué par George Carlin] qui les conduisait à travers l'histoire dans une fourgonnette, mais ça ressemblait trop à *Back to the Future*. Quand [le réalisateur] Steve Herek s'est joint au projet, il a suggéré la boîte téléphonique, qui est une très bonne idée.» Mais celui-ci et les deux scénaristes ne savent pas qu'une série télévisée britannique, *Doctor Who*, utilise depuis longtemps le même moyen pour voyager dans le temps.

Le producteur de cinéma Scott Kroopf aime beaucoup le scénario dès la première lecture et décide avec enthousiasme de travailler au projet. «On a rapidement fait une offre, dit-il et, dans les 24 heures, on a eu un appel de Warner Brothers.» Mais l'intérêt initial pour le scénario disparaît peu à peu et le projet ne se réalise pas avant plusieurs années. Après quatre ans d'inaction, Scott Kroopf soumet l'idée à DeLaurentiis Entertainment Group. Et, même si le film est bientôt mis en production sous la bannière de cette compagnie, tous les problèmes de *Bill & Ted's Excellent Adventure* sont loin d'être réglés.

Au moment où le projet démarre enfin, les voyages dans le temps sont de nouveau à la mode. Des films comme *Time Bandits* (*Bandits & Bandits*) de Terry Gilliam, *Peggy Sue Got Married* (*Peggy Sue s'est mariée*) de Francis Ford Coppola et *My Science Project* de Jonathan Beteul viennent de sortir. Mais Chris Matheson voit son projet comme plus qu'un simple film de voyages dans le temps: «C'est une comédie de caractère. Il présente ces deux personnages bizarres et les envoie dans le passé. J'espère qu'il sera plus drôle que les autres films que je n'ai pas aimés sauf *Time Bandits*. C'est le seul qui ait de l'originalité.»

Quant à Keanu Reeves, il comprend bien le rôle de Ted. Il a déjà joué l'adolescent confus, quoique plus sérieux, dans *River's Edge, The Night Before* et *Permanent Record*. Avec son interprétation dans *Bill & Ted's Excellent Adventure*, il saisit l'occasion de donner une image plus amusante de la vie d'un jeune de notre époque, en combinant ses expériences précédentes avec le scénario de Chris Matheson et d'Ed Solomon pour créer un adolescent particulièrement confus.

Le rôle de Bill est tenu par Alex Winter, un acteur qui aspire à devenir également scénariste et réalisateur. Élevé à Saint-Louis, Winter joue d'abord avec le célèbre acteur de films d'épouvante, Vincent Price, dans *Oliver!* On le voit ensuite dans des commerciaux puis en tournée dans la reprise de la pièce *The King and I*, en 1977. Il travaille enfin au cinéma, passant du film de vampires (*The Lost Boys* [*Génération perdue*], avec Jason Patric et Keifer Sutherland) aux films d'essai (comme *Rosalie Goes Shopping* [*Rosalie fait ses courses*]) et au fiasco de *Haunted Summer*. Puis, il s'intéresse à la comédie et fait équipe avec Tom Stern dans *The Idiot Box*, à MTV. Par la suite, il écrira et coréalisera *Freaked* (avec une performance surprise de Keanu Reeves).

Même s'il est impossible d'imaginer maintenant quiconque d'autre pour jouer les personnages de Bill et de Ted, le casting des deux vedettes se révèle en réalité très compliqué. Keanu se rappelle d'une série interminable «d'auditions, toutes assez intenses. À la fin, pourtant, il restait une dizaine de gars. Nous [Alex et moi] allions, chacun notre tour, dans la salle d'auditions pour lire des scènes». Scott Kroopf et Stephen Herek savent qu'ils doivent trouver le parfait duo d'acteurs pour jouer les rôles principaux de l'histoire. Le succès du film dépend presque entièrement du charisme de ceux-ci et de leur relation avec leur personnage. Keanu se rappelle du long processus de sélection: «La première fois, [Alex] et moi, on a passé notre audition, puis on a fait équipe avec à peu près 85 acteurs. Mais on a fini ensemble dans la salle, à la fin de la journée et on s'est dit: "Très bien!"» Il subsiste toutefois une certaine confusion dans l'esprit des jeunes acteurs. «Je croyais que je serais Bill», affirme Keanu alors qu'Alex admet: «Je pensais que je jouerais Ted.»

Le tournage de *Bill & Ted's Excellent Adventure* se déroule en mars, avril et mai 1978, dans une école secondaire récemment désaffectée de Los Angeles. Ce n'est que le deuxième long métrage du réalisateur Stephen Herek, après son film à petit budget *Critters*. Les voyages dans le temps et les effets spéciaux ne sont pas ce qui attire le plus le réalisateur dans cette production mais il croit plutôt, comme Chris Matheson, que la force du film réside dans les personnages. «C'est la relation entre Bill et Ted, affirme-t-il. C'est ce qui m'a vraiment intéressé, la symbiose entre les deux. Ils sont comme la gauche et la droite, l'un ne va pas sans l'autre. Une belle amitié.» La vision qu'a Keanu de *Bill & Ted's Excellent Adventure* s'accorde avec celle de Stephen Herek et de Chris Matheson: «Tous les voyages dans le temps ne sont qu'un à-côté pour les gens dans le film. Il n'y a pas d'effets spéciaux du genre de ceux de ILM [Industrial Light & Magic, la compagnie de George Lucas]. Il s'agit plutôt de bons effets spéciaux terre à terre que j'ai hâte de visionner.»

Keanu Reeves est complètement pris par le plaisir de tourner *Bill & Ted's Excellent Adventure*. Toutefois, il ne se doute pas de l'importance que ce projet aura sur sa carrière deux ans plus tard. «On s'est bien amusés à faire ce film», dit-il avant d'expliquer la scène qu'il vient de tourner. «Ted est vraiment comme ça. La scène de l'examen final est son invention, avec toutes ces belles lumières spéciales; c'est le couronnement de ses efforts et de ceux de Bill.» Puis l'équipe poursuit le tournage en Italie, pour y réaliser les scènes historiques en deux semaines. C'est la deuxième fois seulement que Keanu travaille en Europe.

Le plaisir de travailler dans *Bill & Ted's Excellent Adventure* semble se communiquer à toute l'équipe de production et c'est la raison pour laquelle, selon Stephen Herek, le film aura tant de succès malgré les obstacles placés sur son chemin. Le réalisateur est même content qu'on aperçoive, dans certaines scènes du film, des acteurs et des figurants qui rient de la prestation que donnent les deux héros maladroits. «Quand tout le monde s'amuse, affirme-t-il, ça passe à l'écran. C'est pour ça, en réalité, que j'exerce ce métier; pour que tous, sur le plateau de tournage, participent au plaisir et à l'aventure et qu'ils l'expriment à l'auditoire.»

Keanu Reeves admet que ce genre de film lui convient parfaitement. Féru de science-fiction et de bandes dessinées, le jeune acteur se sent très à l'aise dans cette aventure. «Ça me plaît beaucoup, avoue-t-il. Je joue un personnage si insouciant et si naïf que c'est amusant et rafraîchissant.» De plus, il pense qu'Alex Winter est un partenaire idéal pendant le tournage: «On travaille côte à côte durant la journée et, de temps en temps, on sort avec l'équipe. En fait, on se tient surtout compagnie tous les deux et on reste plutôt tranquilles le soir. On a de la chance de se trouver sympathiques, sinon le tournage serait un enfer. Et ça nous aide dans notre travail de passer tout ce temps ensemble.»

Keanu se rend bien compte, cependant, qu'il a encore beaucoup à apprendre dans son métier d'acteur. Ses rôles d'adolescents ressemblent à sa véritable personnalité, mais il sait qu'il doit maîtriser le rythme de la comédie et apprendre à projeter un personnage conséquent. Connaissant ses limites, l'acteur se servira constamment de l'auto-analyse et de l'auto-critique durant sa carrière pour discerner ses faiblesses techniques, sans attendre l'avis des critiques. «C'est difficile d'être conséquent, admet-il. Le défi, c'est d'avoir l'énergie, l'intégrité et la vision juste pour interpréter Ted... ce n'est pas facile de jouer les naïfs à notre époque!»

Malheureusement, peu de temps après que le film soit complété, DeLaurentiis Entertainment Group fait faillite, laissant en plan la distribution de *Bill & Ted's Excellent Adventure*. Le producteur Kroopf essaie de trouver une solution: «Nous ne voulions pas que le film sorte en vidéo tout de suite. Nous avons rencontré les gens de Nelson Entertainment, qui nous ont fait une offre très modeste que nous avons acceptée. Le film n'avait eu aucune promotion, mais il a eu beaucoup de succès.» Cependant, *Bill & Ted's Excellent Adventure* ne sera diffusé en salles, aux États-Unis, qu'en février 1989. Le choix de sa date de sortie jouera un rôle vital pour son succès graduel grâce, entre autres, au bouche à oreille. «Il est sorti pour le President's Day, ajoute Scott Kroopf, ce qui est excellent. Je ne crois pas qu'il aurait résisté durant l'été.» Dans les cinémas, le film attire son public cible d'adolescents tel que prévu, mais sans remporter immédiatement un énorme succès. Ce n'est que lors de sa sortie en vidéo que cette petite comédie étrange conquiert un auditoire grand public très étendu, qui considère les deux principaux personnages comme des Laurel & Hardy modernes à la dérive dans un univers hostile.

Certains critiques prétendent toutefois que *Bill & Ted's Excellent Adventure* fait l'éloge de la stupidité et, cela, bien avant la vague de films «stupides» du début des années 90: par exemple, *Dumb & Dumber* (*La cloche et l'idiot*), *Forrest Gump*, *Kingpin* (*Le roi de la quille*), *The Stupids*. Mais Alex Winter réfute cette accusation: «C'est un argument ridicule. La comédie, le fait de jouer des êtres stupides, est aussi ancienne que le théâtre lui-même et ne signifie pas que tous devraient être des idiots. Ce n'est qu'une façon de faire rire les gens. C'est très valable. Comme si l'on affirmait que Charlie Chaplin encourageait la stupidité...»

Pour Keanu Reeves, son rôle de Ted lui apporte une célébrité plus grande que ses films précédents. Ce qui lui plaît le plus sont les commentaires que lui font les parents et leurs enfants qui ont vu *Bill & Ted*. «Les jeunes me regardent avec de grands yeux... raconte-t-il. Ils disent des choses très gentilles sur le film.»

En raison du succès inattendu de ce petit film amusant en Amérique du Nord, il est très remarqué lors de sa sortie en Grande-Bretagne, en avril 1990. Le *Daily Telegraph* affirme que *Bill & Ted's Excellent Adventure* «fonctionne grâce à son rythme effréné, au langage des dialogues et aux performances sympathiques des acteurs». Pour *Empire*, le film possède une «saveur bizarre et attirante» et présente une «comédie enlevée». En outre, les critiques félicitent Keanu Reeves et Alex Winter qu'ils trouvent «sympathiques dans leur naïveté et leur désir de plaisir».

Quoiqu'il ne remporte pas un énorme succès en salles, *Bill & Ted's Excellent Adventure* constitue une opération très rentable. Réalisé avec un budget de 10 millions de dollars, il rapporte 45 millions de dollars dans les cinémas américains seulement. Il génère aussi d'autres revenus dans les cinémas, à l'étranger, et dans les marchés de la vidéo et de la télévision.

Même si le succès de *Bill & Ted's Excellent Adventure* arrive tardive-

*Des clowns classiques: Alex Winter et Keanu Reeves donnent vie aux adolescents pas très brillants Bill et Ted.*

ment, le rôle de Ted a un effet très positif sur la carrière naissante de Keanu Reeves. Cela le propulse de la position d'acteur de films pour adolescents ordinaire à celle de génie comique pouvant créer une caricature précise d'une certaine jeunesse américaine actuelle. Le jeune acteur est donc très satisfait de cette tournure inattendue des événements. Mais quand le film devient populaire, il découvre bientôt un inconvénient à la célébrité de son personnage. «On me demande souvent d'être comme Ted, confie-t-il. Dans la rue, les jeunes me saluent et me demandent un autographe. Certains essaient de me faire jouer mon numéro de Ted, mais je refuse. Ils sont alors très déçus, et je me sens mal à l'aise.» Par contre, Keanu découvre aussi des aspects de Ted qui lui sont utiles pour affronter la presse. En effet, jusqu'au milieu des années 90, l'acteur adoptera la personnalité de Ted dans ses entrevues avec les journalistes. Il faut le voir comme un mécanisme de défense, une façon d'éviter les questions persistantes sur sa vie privée et sa vision de son métier.

Au fil des ans, toutefois, on s'aperçoit que Keanu Reeves n'est pas aussi stupide que ne le laisse croire son attitude en public. «Non, avoue-t-il, je n'ai jamais fait l'idiot pour éloigner les gens... C'est peut-être un manque d'articulation de ma part ou ma naïveté ou mon ingénuité... je trouve plus facile d'expliquer un projet cinq ans plus tard que lorsque je suis en plein dedans. C'est alors tout à fait passé. Je peux dire comment je me sens, mais le contexte est plus difficile à expliquer. Souvent, je ne suis pas prêt à le faire en entrevue, alors je dis juste "excellent". Et, tu sais, c'est correct!»

Une chose dont Keanu est certain, toutefois, c'est la raison du succès des personnages de Bill et de Ted. Il explique: «Je crois que Bill et Ted plaisent à différents niveaux, dans mon cas, du moins. L'enfant en moi aime les regarder, mais je trouve aussi leurs actions assez brillantes et j'aime leur idée d'être "excellents l'un envers l'autre". C'est magnifique!»

Pour créer le personnage de Ted, le jeune acteur s'inspire de certains de ses amis. Pour le langage, par exemple, il connaît, à cette époque, plusieurs jeunes qui utilisent constamment les mêmes mots à la mode, comme le font Bill et Ted dans le film. Cette façon de parler, dans *Bill & Ted*, remporte tellement de succès que certains magazines proposent même des mini-vocabulaires du jargon de Bill et Ted pour aider à comprendre les dialogues du film.

D'autres projets s'inspirant du film sont créés pour profiter de la vague de popularité entourant *Bill & Ted*. Le concept est d'abord repris dans une émission télévisée hebdomadaire de dessins animés, diffusée en Amérique du Nord le samedi matin. Au début, Keanu Reeves et Alex

Winter enregistrent eux-mêmes les voix des deux héros, mais leur horaire chargé les oblige vite à se faire remplacer. On tente aussi de lancer à la télévision, mais sans succès, un *sitcom* avec des acteurs moins charismatiques pour jouer Bill et Ted. De plus, différents objets rappelant le film sont mis en marché pendant quelque temps: jouets, jeux, céréales, etc.

Cependant, pour échapper au fantôme de Ted, Keanu Reeves s'intéresse à un projet plus théâtral, même si cette pièce sera filmée pour la télévision. Il obtient un rôle important dans *Life Under Water*, une production au réseau PBS de la pièce de Richard Greenberg. Son personnage est décrit comme «un genre de Holden Caulfield des années 80» par Lindsay Law, de l'émission *American Playhouse*.

*Life Under Water* est une pièce qui suit les intrigues de cinq personnes de la classe privilégiée, qui s'ennuient pendant leurs vacances au bord de la mer à Long Island. Il s'agit d'une œuvre intime qui donne l'occasion à Keanu et à sa partenaire, Sarah Jessica Parker, de prononcer de long monologues exprimant le mal de vivre de leur personnage. Selon les critiques, toutefois, cette adaptation de la pièce ne passe pas bien à la télévision.

Quant à Keanu, il n'élabore pas les raisons qui le poussent à choisir d'interpréter ce rôle. Son désir de jouer un personnage aussi différent que possible de celui de Ted et son intérêt pour le théâtre comptent probablement pour beaucoup dans sa décision. Mais, heureusement pour lui, cet insuccès sera vite oublié, car cette production télévisée de *Life Under Water* disparaît sans laisser de traces peu après sa diffusion.

Cependant, une vraie expérience théâtrale attend maintenant le jeune acteur avec un rôle dans *The Tempest*: cette pièce sera jouée dans le cadre d'un atelier d'été au Shakespeare and Company de Lennox (Massachusetts). Ce n'est qu'une production de courte durée qui passe presque inaperçue, mais ce deuxième rôle shakespearien au théâtre sera très utile à Keanu pour son rôle de Hamlet qu'il interprétera à Winnipeg quelques années plus tard. Le *Boston Globe* critique sévèrement la pièce, mais note que l'auditoire accueille la présence de Keanu Reeves «avec quelque chose comme une explosion de joie».

Après *Life Under Water*, Keanu fait une autre incursion bizarre à la télévision. Il est invité à jouer dans *The Tracey Ullman Show*. La vedette de cette émission est son ancienne partenaire du film *I Love You to Death*. Dans un sketch comique, il y joue un adolescent qui a une aventure avec une amie (Ullman) de sa mère. À cause de ces scènes amoureuses avec Keanu, Ullman deviendra la bête noire des adolescentes jalouses partout en Amérique du Nord!

Tout comme pour *Bill & Ted's Excellent Adventure*, le processus de création et de production de *Tune in Tomorrow*, le prochain film de Keanu Reeves, sera long et tortueux. Dès 1983, les producteurs Mark Tarlow et John Fiedler désirent réaliser une adaptation cinématographique du roman comico-magico-réaliste *Aunt Julia and the Scriptwriter* (1977) du romancier péruvien Mario Vargas Llosa. Ils soumettent alors leur idée à David Puttnam, de Columbia Studios. Celui-ci engage le scénariste William Boyd et le réalisateur Jon Amiel pour travailler à ce film. Mais la démission de David Puttnam, peu de temps après, entraîne l'annulation du projet par la nouvelle direction de Columbia. Puis, les producteurs suscitent l'intérêt de MGM/UA, qui rejette toutefois par la suite ce projet. Finalement, le tournage sera fait sous l'égide de Cinecom, avec un budget réduit à huit millions de dollars.

Dans son adaptation pour le grand écran, le scénariste William Boyd est fidèle à l'esprit du livre, mais il procède à des modifications de l'intrigue, des personnages et des lieux. L'histoire se déroule en 1951 à la Nouvelle-Orléans. Le personnage central est Pedro (Peter Falk), un auteur qui s'inspire des vies et des conversations des gens de son entourage pour écrire des soaps radiophoniques. Il y a aussi un jeune homme de 21 ans, Martin Loader (Keanu Reeves), qui est amoureux de sa tante Julia (Barbara Hershey), âgée de 35 ans. Pour jouer Cupidon, Pedro relate l'histoire de ces deux personnes sur les ondes, en ne changeant que de petits détails pour cacher leur identité. Le scénario fait la navette entre le soap de Pedro et les personnages qui en font partie, créant ainsi une histoire-dans-l'histoire.

Le rôle-clé de *Tune in Tomorrow* est celui du jeune séducteur Martin Loader, joué par Keanu Reeves. Le producteur John Fiedler explique comment ce rôle est attribué: «Nous avons pensé à quelques jeunes acteurs, mais nous avons très vite choisi Keanu Reeves. On le voyait très bien dans ce rôle.» Fiedler et Amiel sont familiers avec la prestation de Keanu dans *River's Edge*, comme d'autres réalisateurs et producteurs précédents du jeune acteur. *River's Edge*, avec *Dangerous Liaisons* et *Bill & Ted's Excellent Adventure*, fait partie d'un trio de films radicalement différents qui présentent les diverses approches de Keanu pour ses rôles. Ses performances dans ces films lui donnent donc la possibilité de jouer d'autres personnages pour augmenter son éventail dramatique.

«J'aimais l'idée d'engager Keanu Reeves, renchérit le réalisateur Amiel. Je croyais qu'il pouvait exprimer quelque chose que je ne lui avais pas encore vu faire. Les jeunes qu'il joue d'habitude sont bizarres, excentriques et un peu fous. Je voulais qu'il joue un jeune Jimmy Stewart, sincère, charmant, brillant et adorable... Barbara, Peter et Keanu étaient un trio parfait pour moi... Je savais que la chimie était bonne entre eux.» La confiance du réalisateur dans son choix est momentanément remise en question, toutefois, quand Keanu se présente à une audition avec sa coiffure punk à demi-rasée de *I Love You to Death*. Mais le jeune acteur le rassure en lui promettant d'avoir une chevelure normale pour le début du tournage de son film. Il sera à nouveau inquiet, le premier jour sur le plateau de *Tune in Tomorrow*. En effet, à cause d'une autre chute de moto, Keanu arrive en boitant et couvert de bandages!

Malgré son attitude en apparence désinvolte, Keanu se prépare sérieusement à son nouveau rôle. Il étudie le roman de Vargas Llosa et pratique ses répliques avec un professeur d'élocution pour perfectionner son accent de la Nouvelle-Orléans.

*La fiction dans la réalité: Barbara Hershey, Peter Falk et Keanu Reeves dans* Tune in Tomorrow.

Il se procure aussi une cassette audio sur l'histoire de cette ville, qu'il écoutera le soir pour s'imprégner de l'atmosphère de l'endroit.

Le personnage de Martin Loader représente un nouveau défi pour Keanu Reeves. Il s'agit de son premier grand rôle romantique, ce qui le préparera pour *A Walk in the Clouds* (*La vallée des nuages*). Néanmoins, l'interprétation romantique ne constitue pas le point fort du jeune acteur. Il ne rencontre sa partenaire Barbara Hershey que lors des répétitions et trouve très intimidant de jouer son amoureux et confident dans le film. Heureusement, le couple se rapproche un peu en dansant le jitterbug ensemble pendant les répétitions, ce qui semble casser la glace entre les deux vedettes. Malgré sa réticence initiale, Keanu devient un enthousiaste de

*Barbara Hershey est la tante Julia de son jeune séducteur Martin Loader (Keanu Reeves).*

*Tune in Tomorrow* et de son rôle. «Ce qui m'a attiré, dit-il de Martin Loader, c'est son esprit et sa passion.»

Même si le scénario du film reçoit aisément l'approbation de l'auteur Vargas Llosa, sa mise en marché se révélera une entreprise plus difficile. Quand Cinecom en reprend la production en plein milieu, ses dirigeants n'aiment pas l'idée de garder le titre du roman pour le film et décident de l'appeler *Tune in Tomorrow*, malgré les protestations du réalisateur Amiel. De plus, Cinecom insiste pour que le long métrage soit présenté comme une comédie débridée destinée au jeune public masculin plutôt que comme un film romantique raffiné mais drôle pouvant plaire aux femmes.

Pour Keanu, le rôle très différent de ses expériences précédentes qu'il joue dans *Tune in Tomorrow* lui vaut les meilleures critiques de sa carrière jusque-là. Selon le *Los Angeles Times*, Keanu Reeves a une «présence très engageante» dans le film avec «un lyrisme attachant de chien battu». *Entertainment Weekly*, de son côté, note qu'avec «ses cheveux courts lissés sur la tête, Keanu possède le charme ravageur d'une idole romantique des années trente et livre sa meilleure performance jusqu'ici.»

Les critiques britanniques se montrent également emballés envers le film, même si certains sont moins convaincus par son interprétation. On lit dans le *London Times*: «Seul un Keanu Reeves fade déçoit un peu... le reste est cinglé et très amusant... à mi-chemin entre le divertissement grand public et celui des films d'essai.» Même si les spectateurs américains sont des fans de la vedette dingue de *Bill & Ted's Excellent Adventure*, les auditoires européens sont plus réticents quant à ses talents d'acteur, malgré sa belle apparence et son succès à faire le clown.

À la fin des années 80, Keanu Reeves célèbre un point tournant dans sa vie personnelle, après tous ceux survenus dans sa carrière pendant l'année 1989. Il fête ses 25 ans le 2 septembre de cette année et, pour la première fois, il commence à penser sérieusement à son avenir. Il explique ce qu'il ressent à ce moment: «Tout allait bien pour moi, mais après mon anniversaire de 25 ans, j'ai commencé à penser que j'allais mourir un jour. Je me suis mis à regarder ma mère d'un autre œil. Qu'est-ce qui est important? Qui suis-je? Pourquoi suis-je ici? C'était une expérience radicale. Un peu comme si je m'étais réveillé un matin avec une nouvelle vision de la vie. J'aimerais bien ravoir l'ancienne...»

De plus, l'âge, la célébrité et les revenus de Keanu lui créent de nouvelles obligations. Sa sœur Kim, qui est sa grande amie depuis toujours, est atteinte d'un cancer. Les années suivantes, le jeune acteur consacrera beaucoup de temps et d'argent afin de s'occuper d'elle, jusqu'à ce que sa maladie soit en rémission, en 1995. Cette responsabilité envers Kim donne aussi une autre raison à Keanu de continuer sa carrière. «Il m'a beaucoup aidée, explique Kim à *Vanity Fair*. Quand j'avais très mal, il me prenait la main pour m'empêcher de trop souffrir. Il était toujours avec moi, même quand il était au loin.»

Voir aux besoins de sa sœur malade devient alors la priorité de Keanu. Et malgré son horaire chargé, il prend toujours le temps de la visiter lorsqu'elle est hospitalisée à Los Angeles. Par la suite, il fait l'acquisition d'une écurie de chevaux pur sang dont Kim s'occupe maintenant. De plus, il laisse une bonne partie de ses affaires chez elle, en attendant le jour où il s'achètera enfin une maison. «Mon frère est un vrai prince, dit Kim. Il écoute chaque mot et chaque virgule est importante.»

## CHAPITRE 5

# La limite extrême

À l'âge de 25 ans, Keanu Reeves est maintenant considéré comme un des jeunes acteurs hollywoodiens les plus prometteurs, mais il doit encore faire ses preuves. Ses derniers rôles se classent tous sous le signe de l'expérimentation: du personnage comique de *I Love You to Death* à la vedette romantique de *Tune in Tomorrow*. Il connaît la célébrité grâce à ses performances, avec des interviews publiées dans les magazines d'adolescents à travers le monde pour le lancement de chaque nouveau film.

Pendant ce temps, sa vie amoureuse ne figure toujours pas dans les médias. «L'amour est une émotion facile, admet Keanu. C'est facile d'aimer d'autres personnes.» À cause du souvenir de son père et de son inexpérience en amour, le jeune acteur ne se permet pas de relations intimes à long terme. «Néanmoins, cela ne me fait rien de souffrir un peu, dit-il. Les gens ne respectent pas les artistes qui ne souffrent pas.»

La souffrance, du point de vue physique plutôt qu'émotif, est justement ce qui attend Keanu Reeves quand il accepte de jouer le premier rôle du film *Point Break* (1991). Sa réalisatrice, Kathryn Bigelow, a la réputation d'être la femme macho de Hollywood, avec des films d'action comme le thriller de vampires *Near Dark* (*Aux frontières de l'aube*, 1986) et le suspense policier *Blue Steel* (*L'arme au poing*, 1990). Ce n'est donc une surprise pour personne lorsqu'elle commence un projet comme *Point Break*.

Il s'agit de l'histoire d'un agent audacieux du FBI, qui s'introduit parmi une communauté de surfeurs californiens pour tenter de résoudre une série d'attaques mystérieuses dans des banques des environs. *Point Break* constitue un scénario idéal pour Kathryn Bigelow, qui lui permet de surpasser les films d'action ordinaires avec des séquences spectaculaires de surf sur le Pacifique et de parachutisme en chute libre, en plus des scènes enlevantes de vols de banque, de poursuites et d'échanges de coups de feu.

*Dans* Point Break, *Keanu interprète le rôle d'un agent du FBI, Johnny Utah, et Patrick Swayze joue un surfeur cool.*

*Point Break* présente deux personnages principaux: le jeune Johnny Utah (Keanu Reeves), un agent ambitieux du FBI déterminé à réussir à n'importe quel prix, et Bodhi (Patrick Swayze), un surfeur calme, détendu et mystique qui est l'instigateur des vols de banques. Grande vedette des années 80 avec des films comme *Dirty Dancing (Danse lascive)*, *Road House (Bar routier)* et *Ghost (Mon fantôme d'amour)*, Patrick Swayze veut maintenant interpréter des rôles plus variés et accepte donc de jouer dans des films comme *City of Joy (La cité de la joie)* de Roland Joffe et *Point Break*. Quant à Keanu Reeves, il s'agit là de sa première tentative de jouer un héros de film d'action. Il en parle dans *Interview*: «Ce personnage est un *junkie* de l'adrénaline, au même titre que celui de Patrick Swayze, alors les deux se poussent l'un l'autre à sauter d'un avion en plein vol, à se tirer dessus et à d'autres actions du même genre.»

Keanu prend son rôle très au sérieux: il s'y prépare en effectuant une recherche sur les différents aspects de son personnage et en faisant de l'entraînement physique pour un tournage qui sera très dur. «Je me tiens avec des athlètes, des agents du FBI, des policiers, des étudiants dans les fraternités, confie-t-il. J'explore une toute autre partie du monde.» Le jeune acteur apprend aussi le maniement des armes à feu au centre de tir de la police de Los Angeles et s'entraîne au football avec les entraîneurs de UCLA, afin de se mettre dans la peau de Johnny Utah, un ancien footballeur vedette devenu agent du FBI.

La flexibilité de Keanu Reeves lui est d'un grand secours quand il prend des leçons de surf après le début des discussions avec Kathryn Bigelow sur sa participation à *Point Break*. «La première fois, la planche de surf m'a frappé la tête! dit-il. Mais j'ai fini par la maîtriser et j'ai pu me tenir debout, selon les vagues. D'ailleurs, elles n'étaient pas trop fortes cet été-là...» Heureusement pour le jeune acteur que son personnage est un agent secret qui ne maîtrise pas le surf, car il arrive tout juste à s'en tirer dans les scènes du film.

Pour interpréter Johnny Utah avec crédibilité, il faut non seulement que Keanu apprenne à surfer, mais aussi à tirer d'un fusil et à sauter en parachute; un vrai cours en accéléré du cinéma d'action. Pendant le tournage,

*Pour son rôle de Johnny Utah, Keanu doit non seulement apprendre à surfer mais aussi à sauter en parachute et à se servir d'armes à feu.*

*Keanu fait une pause avec Lori Petty, la seule actrice dans* Point Break.

le jeune acteur participera à toutes les scènes d'action, sauf celles de saut en chute libre que les assureurs du film jugent trop dangereuses pour la vedette de la production. Il tournera ces scènes tenu par des câbles et sur une série de plates-formes mobiles. Seul Patrick Swayze sautera réellement, mais à la fin du tournage seulement.

La réalisatrice voit les deux personnages principaux de son film comme des images en miroir l'une de l'autre, presque les deux facettes du même être. «Il ne s'agit pas d'une histoire opposant les bons contre les mauvais, dit-elle. Cela devient un peu plus compliqué que ça, quand le personnage honnête (le héros) est séduit par ses tentations intérieures et que le "méchant" n'est pas foncièrement malhonnête, mais plutôt un anti-héros.»

La cinéaste est très contente du choix de Keanu Reeves pour jouer le rôle principal de son film: «J'ai toujours été une grande admiratrice de Keanu depuis *River's Edge*. Quand on a commencé ce projet, j'ai pensé que son physique, son intelligence et son charme inné en faisaient le parfait candidat pour jouer Utah. On ne voit que lui à l'écran et il a un don magique pour conquérir le public. Ce rôle est très différent du reste de son expérience et nous croyions que ça donnerait une approche nouvelle au film.»

La production débute le 9 juillet 1990 et se déroulera durant 77 dures journées. Les scènes de surf sont tournées le long des plages du sud de la Californie, du comté de Ventura au nord jusqu'à Manhattan Beach au sud. Certaines autres sont filmées à Hawaii, sur la côte nord de l'île d'Oahu. Pour Keanu, c'est un peu comme un retour spirituel chez lui. Afin de donner à *Point Break* un style différent de celui des autres thrillers habituels de Los Angeles, on tourne aussi à différents endroits de la ville. Par exemple, des succursales bancaires désaffectées sont réaménagées pour les scènes de vols de banques. Et ces édifices sont si réalistes que l'équipe de tournage doit souvent refuser l'entrée à d'éventuels clients du quartier! On filme aussi au Federal Building de Westwood, à l'aéroport de Santa Monica, dans des maisons de Santa Monica et de Palos Verdes, au quai de Manhattan Beach et à l'académie de police. Les séquences spectaculaires de sauts en chute libre sont réalisées autour de la base d'aviation Edwards, à Palmdale (Californie), et du lac Powell, en Arizona.

À la sortie du film, le magazine britannique *Empire* encense la nouvelle image de superhéros de Keanu dans *Point Break* et qualifie la production de «film d'action spirituel... Keanu Reeves est jeune, amusant et plein d'audace...» Mais d'autres critiques sont plus sévères. Le *London Times* note que «Keanu Reeves, en homme du FBI ennuyeux et frondeur, joue à l'agent secret, et le film sombre dans le charabia verbal, le surf et les déclarations spirituelles d'un gourou bronzé (Patrick Swayze).» Et le *Guardian* écrit: «Il y a beaucoup de rapports impliquant les divers protagonistes masculins insérés entre les scènes d'action, et on se demande pourquoi une femme s'intéresse tant à filmer cela.»

Malgré les critiques négatives, *Point Break* devient quand même un des grands succès au box-office de l'été 1991. De plus, le film établit sans contredit pour Keanu Reeves sa nouvelle image de héros d'action. Celui-ci remplit maintenant les attentes de son public en interprétant un homme macho et agressif. Il ne reste guère, dans *Point Break*, de traces du côté visionnaire et androgyne de ses rôles d'adolescent. Il fait plutôt très mâle, ce qui, paradoxalement, lui gagne beaucoup de fans homosexuels, qui tirent leurs propres conclusions quant à la signification de certaines scènes suggestives du long métrage entre Keanu et Patrick. Certains journalistes y dénotent aussi un sous-entendu homoérotique entre les personnages de Johnny Utah et de Bodhi. C'est un aspect du film que ses auteurs tentent d'atténuer, et malgré la relation amoureuse entre Keanu et l'actrice Lori Petty (Tyler) dans l'histoire, on peut quand même se poser des questions là-dessus.

*C'est une période très occupée pour Keanu, qui joue successivement dans* Point Break, My Own Private Idaho *et* Little Buddha.

Dans le scénario, le personnage de Keanu a deux mentors: Pappas (Gary Busey), son partenaire plus âgé au FBI, et Bodhi, le chef de gang gourou et surfeur. Ces relations entre hommes constituent la trame du film, qui semble parfois devenir une ode au corps masculin en action. Par contre, l'histoire d'amour entre l'agent Utah et la jeune Tyler est basée sur la tromperie. En effet, il lui ment pour se rapprocher, par son entremise, de Bodhi, car il est fasciné par la personnalité de celui-ci. À un moment donné, cette dernière quitte le groupe de surfeurs machos en s'écriant: «Il y a trop de testostérone ici!»

Comme ils représentent les deux côtés du même personnage, l'histoire de *Point Break* doit mettre l'accent sur l'attraction entre Utah et Bodhi. Quand Utah a l'occasion de faire feu sur Bodhi, il rate volontairement son coup. Obligé de participer à un vol de banque, l'agent du FBI affirme: «J'en suis incapable.» Mais Bodhi lui répond: «Tu vas peut-être aimer ça.» De tels dialogues et la réplique de Bodhi à Utah dans l'avion («Tu me veux tellement que c'est comme de l'acide dans la bouche») confirment le style homoérotique du film. De plus, l'obsession d'Utah envers le chef de gang l'amène à le poursuivre jusqu'en Australie, où Bodhi se rend «juste pour toi». Malgré les démentis des producteurs, on peut donc interpréter de diverses façons la sexualité de *Point Break*, ce qui en fera un film culte pour certains.

Cependant, si on peut avoir des doutes sur l'orientation sexuelle dans *Point Break*, il n'y en aura aucun quant au projet audacieux que Keanu Reeves choisit ensuite de tourner. *My Own Private Idaho* (1991) est une

RIVER PHOENIX    KEANU REEVES

Whatever it takes to have a nice day.

my own private **IDAHO**

A FILM BY GUS VAN SANT

idée du cinéaste indépendant Gus Van Sant. Mais ce n'est pas du tout le genre de film dans lequel on s'attendrait à voir jouer les deux principaux jeunes séducteurs hollywoodiens du moment.

Issu de la classe aisée, Gus Van Sant est fasciné par la vie des gens qui vivent dans la rue. Cet intérêt lui inspire deux films: *Mala Noche* (1985) et *Drugstore Cowboy* (1989), qui met en vedette Matt Dillon. Le cinéaste reçoit, pour ce dernier film, plusieurs prix, dont ceux du meilleur film, du meilleur réalisateur et du meilleur scénario de la Society of Film Critics, en 1989. Le succès de *Drugstore Cowboy* le propulse au premier rang des cinéastes indépendants et plusieurs acteurs désirent ardemment travailler avec lui.

Van Sant écrit donc le scénario de *My Own Private Idaho*, qui explore le dur monde des jeunes prostitués mâles et dont le titre provient d'une chanson du groupe culte B-52. Même s'il s'agit d'une histoire originale, le scénariste s'inspire de certains aspects de la pièce *Henry IV* de William Shakespeare pour relater la vie de Mike Waters, un jeune narcoleptique, et de Scott Favor, un garçon constamment en révolte contre sa famille.

Au départ, le scénariste croit que sa seule possibilité de réaliser un tel film est d'engager des acteurs inconnus pour les deux rôles principaux. Il rêve toutefois d'obtenir la collaboration de River Phoenix pour jouer Mike et celle de Keanu Reeves pour Scott. Risquant le tout pour le tout, il envoie des copies du scénario aux deux jeunes vedettes. «Je prenais pour acquis à l'avance que leurs agents refuseraient», se souvient-il.

Le scénario raconte la recherche par le jeune prostitué Mike (River Phoenix) de la mère qui l'a abandonné tout petit. Mais cette tâche est rendue plus difficile par sa narcolepsie, qui le fait tomber dans un profond sommeil quand il est stressé. Son ami Scott Favor l'aide dans sa quête. Celui-ci, issu d'une famille riche, est en fugue pour échapper à son héritage, à ses responsabilités et à un père très dur, qui est le maire de la ville. Le jeune homme est aussi l'objet de l'amour de Mike. Gus Van Sant perçoit *My Own Private Idaho* comme «l'histoire d'un jeune homme de bonne famille qui tombe bien bas et d'un p'tit gars de la rue qui ne peut pas s'enfoncer davantage. J'ai vu un peu des hauteurs dans la personnalité de Keanu et un peu des bas-fonds dans celle de River. Ils expriment ces prolongements d'eux-mêmes.»

Il s'agit cependant d'un sujet très controversé pour River et Keanu, les vedettes respectivement de *Stand by Me* (*Compte sur moi*, 1986) et de *Bill & Ted's Excellent Adventure*. Même la compagnie de production derrière *My Own Private Idaho*, New Line Cinema, commence à hésiter et à reconsidérer le projet. Mais la possibilité du casting de River et de Keanu redonne à New Line un nouvel intérêt pour le film. «Quand on a commencé à discuter avec River et Keanu, confie Van Sant, il était clair que ça leur tentait de s'attaquer à ce défi.»

Pour les deux acteurs, *My Own Private Idaho* représente l'occasion d'échapper à leur image «sûre» d'idole d'adolescents et d'entreprendre un travail plus créateur, ce dont ils ont tous deux vraiment envie. Mais Iris Burton, l'agente de longue date de River Phoenix, refuse plusieurs fois le scénario et ne laisse même pas son protégé le lire. C'est Keanu Reeves qui, lors d'une visite à ce dernier, lui passe une copie du scénario et suggère qu'ils jouent ensemble dans ce film. Par amitié l'un pour l'autre et par pure bravade, les deux décident d'accepter ces rôles très controversés. «Keanu et moi avons fait un genre de pacte de frères de sang, avoue River. Je n'aurais pas fait ça avec personne d'autre. On s'est obligés à relever le défi. On a dit: "OK, je vais le faire, si tu le fais. Je ne le ferai pas, si tu ne le fais pas." On s'est serré la main et c'était décidé.»

Keanu croit que les aspects positifs de sa participation au film surpassent les inquiétudes de son agent concernant les effets négatifs possibles sur sa carrière. «Quand je l'ai lu, dit-il, je me suis rendu compte qu'il s'agissait d'un rôle étonnant. C'est une histoire étrange et j'étais très content d'en faire partie.» Après tout, Gus Van Sant réussit à obtenir une performance exceptionnelle de Matt Dillon dans *Drugstore Cowboy*. Keanu Reeves, toujours prêt à développer ses aptitudes en travaillant avec des réalisateurs de talent, espère qu'il en sera de même pour lui avec *My Own Private Idaho*.

Tout au long du drame de *My Own Private Idaho*, Scott (Keanu Reeves) agit comme le protecteur de Mike (River Phoenix) et le surveille pendant ses périodes de sommeil involontaire qui le rendent vulnérable. Contrairement à Mike, toutefois, Scott ne vit dans la rue que temporairement et a l'intention de retourner chez lui au moment de son vingt et unième anniversaire pour toucher son héritage. Il veut impressionner ses pairs en passant de la vie sordide de la prostitution aux milieux de la haute finance et de la politique municipale. Dans une parodie du prince Hal de Shakespeare, il admet: «Ils seront encore plus impressionnés quand un raté comme moi rentrera dans le droit chemin.»

Quant à Mike, qui ne peut espérer une telle porte de sortie vers la sécurité, il entreprend un voyage à Rome pour retrouver sa mère perdue depuis longtemps. Scott est d'accord pour l'accompagner et l'aider dans ce périple. Mais là-bas, il rencontre une jeune Italienne dont il tombe amoureux et il abandonne alors Mike à son triste sort.

Le point culminant du film présente deux funérailles qui se déroulent

*Pendant le tournage de* Idaho, *River et Keanu se tiennent avec de vrais prostitués.*

simultanément: celles du père de Scott, le maire de Portland, et celles du père-de-la-rue de Mike, Bob Pigeon (William Richert). Pendant que Scott s'acquitte solennellement de ses devoirs familiaux en compagnie de sa nouvelle épouse, Mike et ses copains sans-abri célèbrent la mort de Bob avant de reprendre leur vie sans espoir.

La véritable vedette de *My Own Private Idaho* est River Phoenix, dont le personnage gagne d'emblée la sympathie des spectateurs. Celui de Keanu Reeves se révèle être le méchant de l'histoire, qui abandonne ses amis pour retourner, à la fin, dans son milieu privilégié. C'est la première fois que Keanu joue le rôle d'une personne antipathique. Toutefois, les deux jeunes acteurs brillent dans une scène-clé au milieu du film. Après que leur moto tombe en panne dans un endroit désert, Mike révèle peu à peu ses vrais sentiments pour Scott devant un feu de camp. Les deux partenaires élaborent eux-mêmes la mise en scène de la déclaration sincère de Mike et de la réaction embarrassée de Scott. Pour Keanu, le tournage devient une épreuve à certains moments, lui rappelant son expérience sur scène à Toronto avec *Wolfboy*, au début de sa carrière. «Je n'ai rien contre les homosexuels, précise-t-il, mais le sexe avec les gars, ce n'est pas pour moi. Je ne ferais jamais ça à l'écran. Il y en avait un peu dans *Idaho* et, croyez-moi, c'était dur à faire. Plus jamais...»

Pendant le tournage de la scène du feu de camp, Phoenix taquine Reeves sur leurs rôles de prostitués homosexuels en lui disant: «As-tu pensé, Keanu, qu'un jour cinq cents millions de tes fans vont voir ça?» Ce simple commentaire suffit pour désarçonner Keanu complètement. Le réalisateur réprimande alors sévèrement River pendant que Keanu retrouve suffisamment d'aplomb pour pouvoir continuer la scène.

Pour se préparer au film, River Phoenix et Keanu Reeves effectuent une recherche sérieuse avant le début du tournage. Ils fréquentent de vrais prostitués de rue afin d'affiner leur vision de leurs personnages. Mais ils sont presque impliqués un jour dans un incident, quand ils sont confrontés par les membres d'un gang armés de couteaux. Keanu explique: «On s'était aventurés par erreur dans le no man's land entre deux gangs de rue. Ils pensaient qu'on envahissait leur territoire. Il y avait beaucoup de tension. Les deux gangs croyaient qu'on essayait de travailler dans leur zone. C'était terrifiant, et on ne pouvait pas leur dire qu'on était des acteurs, ils nous auraient massacrés. On a fait semblant d'être des gars ordinaires, puis on s'est enfuis à toute vitesse!»

En plus de sa sexualité très controversée, *My Own Private Idaho* présente sans détour la toxicomanie des personnages comme une partie inhérente de leur vie. Quant à River Phoenix, sa recherche expérimentale pour son rôle l'entraînera dans une dépendance à la drogue qui contribuera à sa fin prématurée, en 1993. Pour Keanu Reeves, cela lui rappelle ses expériences avec la drogue peu après son arrivée à Los Angeles. «J'aime bien en prendre, avoue-t-il. Je suis content d'avoir halluciné dans ma vie.» L'acteur admet facilement avoir aussi consommé de temps en temps du haschisch et du LSD quand il était à l'école, à Toronto. Il confie à *Interview*: «Je veux essayer le speed! Je n'en ai jamais pris. Je veux en prendre pour quelque temps. Suis-je stupide de dire ça?»

Sur le plateau de *My Own Private Idaho*, il semble que les deux jeunes vedettes et les autres protagonistes du film (vivant réellement dans la rue et musiciens novices) font fréquemment usage de drogue. Mais l'attaché de presse de la production déclare: «Selon certaines rumeurs, les gens du film prennent de l'héroïne, mais moi je n'ai rien vu.» Toutefois, Ralph Rugoff, du magazine *Premiere*, a une impression différente du tournage. «[Gus Van Sant] a hébergé les jeunes sans-abri qui jouent dans son film dans la maison victorienne qu'il vient d'acheter. Peu après, River et Keanu y ont aussi emménagé, et l'endroit s'est mis à ressembler à un dortoir de musiciens rock, avec des futons sur le sol et des sessions de guitare toute la nuit. Van Sant, ayant besoin de solitude, a dû se réfugier dans un loft du centre-ville.»

*En rappel: Alex Winter et Keanu Reeves jouent Bill et Ted une dernière fois.*

Les conditions étaient idéales, selon Ralph Rugoff, pour que les participants aillent trop loin dans leur «recherche» sur les drogues. Un des jeunes est très franc par la suite avec *Spin* et déclare: «Tout le monde était défoncé. C'était dans la nature du film. Certains des gars connaissaient bien ça et, après le film, ils ont lâché les drogues et sont retournés à leur travail. Mais c'était la première fois pour River, et il a perdu la tête.» Quant à Keanu, plus mature face aux drogues parce qu'il en a déjà l'expérience, il revient à sa vie normale après la fin du tournage, en 1991. Il ne pense plus à tout ça jusqu'à ce qu'il apprenne la mort tragique de River Phoenix sur un trottoir de Sunset Boulevard, le 31 octobre 1993.

Quelques critiques trouvent que Keanu Reeves semble mal à l'aise dans son rôle de *My Own Private Idaho*. Selon *Vanity Fair*, sa «performance controversée a fait froncer beaucoup de faux sourcils». Le *Village Voice* note que «Keanu Reeves se présente, ou parfois se pavane, avec un air embarrassé...» Mais la critique la plus sévère vient de *Variety*, qui écrit: «Le côté shakespearien de l'histoire est raté à cause des talents d'acteur très limités de Keanu Reeves.» La plupart des compliments des médias s'adressent à River Phoenix, qui remportera d'ailleurs pour son rôle le prix du meilleur acteur au Festival de cinéma de Venise, en septembre 1991.

Le film soulève, une fois de plus, le spectre de l'orientation sexuelle de Keanu, tout comme une photo de l'acteur déguisé en geisha publiée dans *Vanity Fair*. À ce sujet, les conseillers de ce dernier sont autant préoccupés par son désir de mettre l'accent sur son origine ethnique que par les questions concernant sa sexualité. Même en faisant la promotion du film, Keanu Reeves semble décidé à agir de façon non conformiste, comme lorsque lui et River Phoenix se présentent complètement ivres sur la scène du New York Film Festival. Laurie Parker, la productrice de *My Own Private Idaho*, explique: «Keanu est assez réticent à faire des tournées de publicité et peut donc être parfois impoli... En fait, il insulte les gens tout le temps, et ça lui donne mauvaise réputation auprès des médias. C'est parce qu'il n'aime pas se vendre, je crois, mais c'est un vrai plaisir de travailler avec lui.»

Keanu passe vite à autre chose après *Point Break* et *My Own Private Idaho*, persuadé d'avoir atteint son but avec ces films. «Chaque acteur, dit-il à *Movieline*, doit mener ses propres combats. Pour moi, en ce moment, c'est d'essayer de décrocher des rôles plus matures dans des films cool.» L'acteur semble bien décidé à jouir de sa liberté pendant que c'est encore possible. Mais la situation changera bientôt, et les contraintes de la célébrité le guettent au prochain tournant.

Après son expérience de film indépendant, Keanu Reeves est prêt à accepter un retour à une bonne vieille formule éprouvée, celle d'une suite à *Bill & Ted's Excellent Adventure*. Après le succès inattendu de ce film en 1989, il semble en effet inévitable que, tôt ou tard, on songe à en tourner un autre dans la même série.

Le problème, pour le producteur Kroopf, est de réunir Alex Winter et Keanu Reeves dans ce nouveau projet, baptisé provisoirement *Bill & Ted Go to Hell*. La carrière de chacun des acteurs a pris de l'ampleur; les deux ont vieilli et sont peu intéressés à jouer encore des rôles d'adolescents. C'est surtout le cas pour Keanu, fatigué d'interpréter toujours des personnages plus jeunes que son âge réel. La solution est donc de faire vieillir Ted (et Bill) dans le deuxième film, ce qui constitue le principal attrait de ce rôle pour Keanu. «On a des vrais emplois, dit-il de Bill et de Ted, et on est maintenant plus âgés, mais pas plus futés. On a aussi un appartement, des amies et on ne va plus à l'école. Bill espère devenir le meilleur joueur de guitare rock, même s'il n'a aucun talent, et Ted est plus bohème.»

Keanu est content également de faire de nouveau équipe avec Alex

Winter. Des rôles dans des films comme *Point Break* et *My Own Private Idaho* opèrent un changement positif de son image, mais sont difficiles à jouer pour lui. Reprendre le personnage de Ted pourrait être considéré comme un retour en arrière pour le jeune acteur, mais celui-ci a aussi besoin d'un autre succès au box-office qu'il peut tourner tout en s'amusant.

Le studio qui finance le projet n'aime toutefois pas l'idée (suggérée par le titre) d'envoyer Bill et Ted en enfer. Les cadres d'Orion Pictures demandent donc à Chris Matheson et à Ed Solomon d'écrire un scénario autour d'un autre concept: Bill et Ted rencontrent des personnages de fiction. Peu convaincus de cette nouvelle approche, les scénaristes se gagnent l'appui des deux jeunes vedettes du film pour leur scénario original. «Nous savions qu'Alex et Keanu ne voulaient pas refaire la même chose, explique Chris Matheson. Alors on leur a vendu notre idée [de l'enfer]. Ils l'ont bien aimée et ils ont dit à Orion que c'est ce qu'ils voulaient jouer.»

La production débute en janvier 1991 avec un tournage de dix semaines aux studios Santa Clarita à Valencia, situés à une heure de voiture, au nord de Hollywood. Les délais, pour finir le film à temps, sont assez serrés, puisque la date de sortie prévue est le 19 juillet suivant. Les producteurs de ce projet surréaliste espèrent qu'il remportera encore plus de succès que le film original, une aventure assez simple de voyage dans le temps. Dans la distribution se trouvent aussi Joss Auckland, qui joue le principal méchant, et William Sadler, qui interprète la Mort, cherchant à récupérer les âmes de Bill et de Ted.

«Quand on va en enfer, dit Keanu Reeves, Belzébuth nous envoie dans les tunnels de Hadès, où on est confrontés à nos cauchemars. Dans le mien, j'ai dix ans et, parce que j'ai volé le panier de Pâques de mon frère, je suis poursuivi par le lapin de Pâques.» Pour Keanu, il est très facile de reprendre le rôle de Ted, selon le réalisateur Peter Hewitt. Celui-ci note qu'Alex Winter et Keanu Reeves «connaissent ces personnages incroyablement bien. Le plus souvent, mon travail avec eux consiste à regarder ce qu'il font et à rire, ou à faire quelques suggestions, à l'occasion. D'habitude, ils discutent entre eux et trouvent de bonnes idées. C'était amusant de faire équipe.»

Malgré les déclarations de Peter Hewitt, cependant, il semble évident qu'il n'est pas si facile de travailler avec Keanu pendant le tournage de ce nouveau film de *Bill & Ted*. Le tournage commence juste après celui de *My Own Private Idaho*, et le jeune acteur est encore imprégné de la personnalité de son rôle précédent. Son comportement sur le plateau n'est pas toujours apprécié par son entourage, surtout que le jeune acteur ne semble pas se rendre compte que ses arrivées tardives et ses fréquentes absences nuisent à l'horaire serré de la production.

De plus, Keanu est terriblement surmené et s'écroule un jour sur le plateau. À peine conscient, il est transporté d'urgence dans un hôpital de Los Angeles. Selon la version officielle, il serait victime d'une «infection mystérieuse», mais pas trop sérieuse pour l'empêcher de reprendre vite le travail. Mais on chuchote que, comme dans son adolescence, Keanu Reeves consomme encore des drogues à la suite de son expérience dans *My Own Private Idaho*. Selon certaines rumeurs, ce serait une période difficile pour lui. Cependant, Keanu dément cela en disant: «Je suis tombé dans les drogues à 18 ans, mais maintenant je suis plutôt un junkie de la moto.»

Quand le film est terminé, il devient évident qu'on devra le rebaptiser. En effet, les divers médias refusent d'insérer ses publicités à cause des mots «*Go to Hell*» du titre. Par contre, comme le titre *Bill & Ted 2* ne convient pas à cause de son manque d'imagination, l'équipe de production choisit donc celui de *Bill & Ted's Bogus Journey* (*Le prétendu voyage de Bill et Ted*).

Après la fin du tournage, Keanu s'aperçoit qu'il en a vraiment assez du concept de «Bill & Ted». Le deuxième long métrage de la série n'est pas un petit film amusant comme le premier, mais plutôt un sous-produit qui constitue une grosse opération commerciale. En outre, ces films génèrent des produits dérivés allant de poupées «Bill & Ted» jusqu'aux céréales du matin. «Les poupées sont terribles, avoue Keanu, mais les céréales sont très bonnes.»

Les critiques ne voient pas tous *Bill & Ted's Bogus Journey* de la même manière. *Variety* affirme qu'il s'agit «d'une aventure compliquée, mais plutôt médiocre. Ces deux écervelés naïfs au vocabulaire atroce sont, de toute évidence, chers au cœur de leurs créateurs, mais ceux-ci auraient obtenu de meilleurs résultats si leur aventure était davantage ancrée dans la réalité.» Le *Village Voice*, de son côté, se montre plus positif et pense que *Bill & Ted's Bogus Journey* est «un succès qui se perpétue et s'impose de lui-même... ces deux crétins vont se gagner encore une fois toute votre sympathie.»

En somme, Keanu est plutôt déçu de la mentalité corporatiste qui règne autour de ce deuxième film mettant en vedette Bill et Ted. Il s'explique: «J'ai vu une annonce télévisée dans laquelle Ted dit la réplique de Bill, et Bill celle de Ted! On dirait qu'ils [les producteurs] ne connaissent pas la différence entre les deux. Bill et Ted constituent un concept complexe et il est impossible de les présenter n'importe comment.»

Keanu Reeves ressent alors le besoin de prendre un peu de repos, après ses problèmes de santé et une année de travail intense dans trois films: *Point Break, My Own Private Idaho* et *Bill & Ted's Bogus Journey*. Mais ce ne sera pas possible, toutefois, car le réalisateur Francis Ford Coppola lui offre tout de suite un autre rôle de premier plan dans son prochain long métrage. Le jeune acteur se replonge donc immédiatement dans le feu de l'action.

Quand Coppola décide de filmer une nouvelle version de la célèbre histoire de Dracula, son but est très clair. Il veut réaliser ce qui, selon lui, n'a pas encore été fait, une adaptation fidèle du roman original. Le réalisateur donne le titre de *Bram Stoker's Dracula* à son projet. C'est l'actrice Winona Ryder qui attire son attention sur le scénario écrit par James V. Hart et alors intitulé *Dracula: The Untold Story*. Charmé par sa fidélité au livre, le réalisateur se préoccupe toutefois du budget requis pour cette histoire. Le studio, Columbia, veut un film qui puisse sortir en novembre 1992. Connu pour ses dépassements de budget (par exemple avec *One From the Heart*, en 1984), Coppola prend une décision radicale qui permettra de respecter le budget de production. «J'ai proposé qu'on le tourne entièrement en studio, avec des miniatures suspendues comme dans l'ancien temps, dit-il. Puisque *Dracula* se passe en 1897, on a repris certains trucs des pionniers des effets spéciaux qui travaillaient au tout début du cinéma. J'aimais l'idée de faire un film dans le style du tournant du siècle.»

Le casting des acteurs du film devient ensuite la prochaine préoccupation de Coppola. Après le choix de Winona Ryder pour jouer Mina, il donne suite à la suggestion de l'actrice d'engager Anthony Hopkins pour le personnage du chasseur de vampires, Van Helsing. Mais il est plus difficile de trouver quelqu'un pour le rôle principal de Dracula. «Notre idée, en général, était d'utiliser de jeunes acteurs, indique le réalisateur. Je sentais que Gary Oldman possédait la fougue nécessaire. Il est jeune et capable d'interpréter des rôles romantiques.»

Ensuite, il reste toujours à octroyer le rôle-clé de Jonathan Harker, le narrateur du livre de Stoker. Le personnage de l'Anglais, qui se rend au pays du comte Dracula pour le rencontrer et sera pris dans le monde bizarre de celui-ci, ne semble pas idéal pour Keanu Reeves. «J'ai été engagé sur la recommandation de Winona Ryder, explique-t-il. Le réalisateur ne connaissait pas mon travail, mais on lui avait dit que j'étais populaire parmi les jeunes.» Par la suite, quand il le connaît mieux, Keanu avoue son admiration pour le réalisateur: «C'est un homme qui a beaucoup d'idées et qui élabore une situation créatrice qu'on peut explorer.»

Pour les rôles de soutien de *Bram Stoker's Dracula*, Coppola donne à Cary Elwes celui d'Arthur Holmwood et à Sadie Frost celui de Lucy

Westenra. Puis, il engage Richard E. Grant (*Withnail and I* [*Whitnail et moi*]) pour jouer le docteur Seward et Bill Campbell (*Rocketeer*) pour interpréter le personnage de Quincy Morris.

Dès le départ, le réalisateur prend la décision d'attirer l'attention sur les jeunes acteurs de sa distribution au lieu de dépenser une fortune pour des décors gigantesques, comme dans les récents films de *Batman*. «Ils seront les bijoux que nous offrirons, dit-il. Je pensais qu'il serait intéressant de mettre l'accent sur les costumes plutôt que sur les décors.» Pour ce faire, il engage l'artiste conceptuelle japonaise Eiko Ishioka pour créer les costumes de *Bram Stoker's Dracula*.

Le tournage commence sur le plateau 30 du studio Sony/Columbia à Culver City, sur le site du terrain de la MGM, où sont tournées, depuis plus de 60 ans, les productions hollywoodiennes. *Bram Stoker's Dracula* est entièrement filmé en intérieur sur sept plateaux différents, sauf pour deux jours de scènes de rue à Londres qu'on tourne chez Universal. Après un arrêt de deux semaines à Noël, le tournage se termine à la date prévue, le 31 janvier 1992.

Il existe beaucoup de tension au sein de l'équipe cinématographique durant le tournage de *Bram Stoker's Dracula*. Entre autres, Gary Oldman

*Keanu a la chance de jouer avec l'excellent acteur Gary Oldman dans* Bram Stoker's Dracula.

souffre de réactions allergiques à son abondant maquillage. Cela le rend souvent irritable, ce qui entraîne des disputes avec Coppola et les autres acteurs, comme Winona Ryder. De plus, il est arrêté par la police pendant la production pour conduite en état d'ivresse. Il sera condamné à une suspension de son permis et à l'exécution de travaux communautaires pour six mois. Quant à Keanu, il éprouve aussi des difficultés, car il est épuisé après une année de travail intense.

Sans avoir recours à une technologie de pointe, Coppola produit quand même, dans *Bram Stoker's Dracula*, un spectacle somptueux. Il traite même les séquences ordinaires avec son approche unique. Par exemple, lorsque Harker (Keanu Reeves) rencontre les trois épouses vampires de Dracula dans le château. «Nous avons travaillé très fort à cette scène sensuelle», confie Michael Lantieri, le superviseur des effets spéciaux, qui utilise des trappes sur le sol et des tubes d'air cachés pour envelopper cette scène d'une étrangeté dérangeante. Ailleurs, ce sont des effets de caméra bizarres qui donnent le ton, comme dans la scène où Harker est transporté dans les airs, puis déposé dans la voiture de Dracula.

À sa sortie dans les cinémas, *Bram Stoker's Dracula* dépasse les attentes de ses créateurs et devient, en quelque sorte, un succès inattendu. Il semble que les spectateurs soient prêts, à ce moment-là, pour une nouvelle version plus moderne de l'histoire de Dracula. Ses jeunes vedettes et son ambiance expérimentale font ressortir le sombre drame romantique. Le style rétro des effets spéciaux empreint toute l'aventure d'une atmosphère étrange et inhabituelle qui colle parfaitement à l'histoire. Par contre, la qualité de l'interprétation des différents acteurs est très inégale. Somme toute, le film est malgré tout très plaisant grâce, même, à certaines performances excentriques. Malheureusement, plusieurs personnes (incluant Keanu Reeves lui-même) pensent que le rôle de Harker ne lui convient pas. Son accent britannique sonne faux, et il n'est pas convaincant comme victime de Dracula ou comme objet du désir des épouses vampires.

Le *Village Voice* est du même avis et croit que Keanu n'est pas à la hauteur: «Dans le rôle du malheureux Harker, Keanu est si peu à sa place qu'il paraît avoir déjà perdu tout son sang. On comprend facilement que sa fiancée (Winona Ryder) se laisse séduire par Dracula.» Et le critique Stanley Kaufman ajoute que «Keanu se comporte, dans *Dracula*, comme un gentil adolescent parmi des adultes.» Une fois de plus, à cause de son air trop jeune, on ne prend pas Keanu Reeves au sérieux.

Malgré ces critiques défavorables, toutefois, Keanu est décidé à apprendre de ses expériences et reconnaît volontiers ses erreurs: «J'ai eu des succès et des échecs. J'ai été massacré dans *Dracula*. Par rapport à l'extra-

*Winona Ryder joue Mina, la fiancée du Jonathan Harker de Keanu, qui sera séduite par le comte Dracula.*

vagance des autres performances, la mienne est trop introvertie et trop prudente. Je n'ai pas très bien joué, c'est tout.» Mais même s'il n'est pas toujours un très bon acteur, cela n'affecte en rien son statut de vedette.

Les derniers films de Keanu Reeves le transforment d'une vedette de films d'adolescents en une des stars les plus prometteuses de Hollywood et augmentent encore le nombre de ses fans. De plus, des films comme *Point Break* et *My Own Private Idaho* font de lui une des idoles de la communauté gaie, tout comme son ami River Phoenix.

À l'inverse de River Phoenix, cependant, Keanu Reeves ne veut pas étaler ses expériences sexuelles en public et évite d'en parler. Aussi, les rumeurs du début de sa carrière sur sa possible homosexualité reprennent de plus belle. Celles-ci sont d'ailleurs alimentées par l'acteur lui-même, n'adoptant pas la même promiscuité sexuelle que les autres jeunes acteurs hollywoodiens qui s'affichent constamment avec des actrices ou des modèles célèbres.

Quand on lui demande pourquoi il ne fréquente pas plus le milieu social de Hollywood, Keanu se défend plutôt faiblement. «Je suis de nature casanière, admet-il. On ne m'invite pas beaucoup. Avec tous les films dans lesquels j'ai joué dernièrement, ma vie privée se trouve assez limitée. Je me tiens avec mes amis, je me balade en moto et j'écoute de la musique.» Et, sur ses relations avec les femmes, il avoue: «Bien sûr qu'on

me fait des avances, mais je préfère canaliser mes passions dans les motos parce qu'elles sont cool, rapides et sans problèmes.»

La célébrité de Keanu Reeves est telle qu'on lui demande de paraître dans le vidéoclip *Rush Rush* de Paula Abdul. Keanu adopte donc le personnage de James Dean pour cette performance, pendant laquelle il fait semblant de jouer de la guitare. La chanson devient l'un des plus grands succès de la carrière de la chanteuse, sans doute grâce à la présence de son ami acteur dans le vidéo. Dans les milieux musicaux et cinématographiques, plusieurs se demandent si Keanu a une liaison amoureuse avec Paula Abdul. Mais quand les journalistes l'interrogent à ce sujet, le jeune acteur se montre évasif et affirme qu'elle est «une femme très intéressante».

Peu après, les rumeurs courent au sujet d'une aventure de Keanu Reeves avec Pamela Anderson de *Baywatch* (*Alerte à Malibu*). Une relation entre ces deux personnes si différentes semble peu probable, toutefois. Une fois de plus, Keanu refuse de répondre directement aux questions de la presse. «On est allés à une première ensemble et, tout de suite, tout le monde nous voit mariés», se contente-t-il de commenter.

De toute manière, le jeune acteur a des idées bien arrêtées sur les relations amoureuses avec des partenaires de travail. Il s'explique: «Si l'on a des aventures avec des femmes avec qui l'on travaille, on devient la proie de la presse à scandale de Hollywood. Dans le cas contraire, les gens disent qu'on est gai. Quoiqu'on fasse dans cette situation, on est toujours perdant. C'est plus facile de travailler avec les femmes si les relations sont purement professionnelles et non romantiques.»

Même s'il voudrait fonder une famille éventuellement, Keanu a d'abord des priorités plus matérialistes. «J'aimerais bien m'acheter un bateau un jour, confie-t-il, et naviguer un peu partout dans le monde. Peut-être vais-je m'assagir et avoir une famille. J'ai toujours désiré avoir des enfants.»

Cependant, il fait passer ses intérêts professionnels avant sa vie personnelle. Il veut profiter de toutes les offres intéressantes qu'il reçoit pour bâtir sa carrière. «Je suis très, très chanceux, avoue-t-il. J'obtiens trois ou quatre films par année, et ce sont de bons rôles.» C'est vrai que la carrière du jeune acteur est dans une très bonne passe, avec des films comme *Point Break, My Own Private Idaho, Bill & Ted's Bogus Journey* et *Bram Stoker's Dracula* tournés durant une très courte période. La variété de ses performances et de ses réalisateurs présagent bien pour l'avenir. Il est donc fort satisfait de ses accomplissements. «Une fois, je joue les héros, dit-il, et tout de suite après je suis le clown. J'ai certainement fait des films très différents les uns des autres.»

## CHAPITRE 6

# Barde et Bouddha

A près une période de repos bien mérité, Keanu Reeves revient à sa carrière pour tourner un film tout à fait bizarre, au printemps 1992. Quand il arrive sur le plateau de tournage de *Freaked*, le jeune acteur ne pense sûrement pas à son avancement professionnel. Il est là pour interpréter son personnage le plus étrange jusque-là, Ortiz le «Dawg Boy» (garçon-chien). Ce film insolite donne ainsi à Keanu l'occasion de collaborer de nouveau avec son ami Alex Winter de *Bill & Ted*, qui est maintenant devenu scénariste et réalisateur.

Le projet de ce dernier est un film d'épouvante comique de série B, mettant en scène un cirque de tournée et ses attractions, des mutants dus à un fertilisant toxique. On y voit une femme à barbe jouée par Mr. T (*A-Team*), la vedette du spectacle (Brooke Shields) et un sinistre patron (William Sadler) de multinationale déversant des déchets toxiques. Alex Winter ne réussit à faire financer *Freaked* par 20th Century Fox qu'en échange de la promesse de jouer lui-même le rôle de Ricky Coogan, une ancienne vedette de cinéma qui est maintenant le plus monstrueux des personnages du cirque. Sa performance sera une imitation de son ancien partenaire de *Bill & Ted*, Keanu Reeves.

Keanu, quant à lui, est très content de retrouver Alex Winter et de s'attaquer à un rôle aussi saugrenu. Dans *Freaked*, il sera méconnaissable avec son physique attirant caché par le latex et les poils après une séance de maquillage de quatre heures! Ce n'est sûrement pas le genre de personnage que réclament ses admiratrices féminines de plus en plus nombreuses et c'est peut-être la raison pour laquelle Keanu décide de participer à ce film.

*Freaked* constitue un mélange hilarant de satire politique, d'humour scatologique et de bouffonneries de mauvais goût, un film pour couche-tard décadents. Dans sa version américaine, malheureusement, on enlève plusieurs des scènes importantes de Keanu (qui seront conservées dans la

*Keanu métamorphosé en Ortiz, le garçon-chien, dans* Freaked *d'Alex Winter.*

version européenne). Après un changement à la direction de 20^{th} Century Fox, toutefois, *Freaked* est mis de côté parce qu'on trouve ce film trop noir et trop marginal. Il est tout de même projeté dans quelques salles de cinéma à New York et à Los Angeles, en octobre 1993. Mais il atteindra son plus grand public par la vidéo.

Keanu Reeves ne figure pas au générique de *Freaked* lors de sa sortie dans les cinémas. Néanmoins, il est présent sur la pochette du vidéo, pour inciter les gens à la louer ou à l'acheter, même s'il ne paraît que dans quelques scènes. Mais *Freaked* n'est qu'une récréation que s'offre le jeune acteur, qui a des projets plus importants pour l'avenir de sa carrière en tête. Il tentera maintenant de chercher plus activement des rôles hors de l'ordinaire, plutôt que d'attendre passivement des offres de travail.

Après son rôle fantaisiste d'Ortiz dans *Freaked*, Keanu se prépare à retourner à ses premières amours, c'est-à-dire le théâtre de Shakespeare, grâce au scénariste et réalisateur Kenneth Branagh. Le jeune acteur apprend que ce dernier travaille à ce moment-là à une adaptation cinématographique de *Much Ado About Nothing*. Pour lui, il s'agit de l'occasion idéale de jouer enfin du vrai Shakespeare au grand écran. Il entre alors en contact avec le réalisateur, dans l'espoir de décrocher un rôle dans cette pièce qu'il connaît bien.

Pour Kenneth Branagh, la guerre des sexes shakespearienne, *Much Ado About Nothing*, est un projet qui lui tient à cœur. «La pièce est l'une des plus grandes comédies romantiques jamais écrites», explique le réalisateur et vedette de *Henry V*. Comme plusieurs des comédies de Shakespeare, elle est sensuelle et très terre à terre. «J'ai l'intention de rendre explicite dans le film ce qui n'est qu'implicite dans l'œuvre originale», explique-t-il. À l'instar de Stephen Frears quelques années plus tôt avec *Dangerous Liaisons*, Kenneth Branagh se rend bien compte qu'il lui faut, afin d'enregistrer un gros succès au box-office, engager des acteurs américains pour cette production européenne, même s'il offre une autre explication pour ses choix de casting. «J'ai toujours admiré les acteurs américains pour leur audace émotionnelle, dit-il. C'est comme ça, d'après moi, qu'on doit interpréter Shakespeare, avec une sorte d'approche viscérale tous azimuts.»

Histoire romantique filmée dans l'idyllique campagne toscane, *Much Ado About Nothing* présente le retour de soldats de la guerre comme l'élément déclencheur des complications romantiques qui s'ensuivent. Au cœur de l'ignoble intrigue qui constitue la trame du film se trouve Don John (Keanu Reeves), le frère bâtard et envieux de Don Pedro (Denzel Washington), victorieux à la guerre comme en amour. Toutefois, Keanu n'a pas l'habitude des rôles de méchant. Son expérience se rapprochant le plus d'un tel personnage est celle de Scott Favor, dans *My Own Private Idaho*. «[Don John] est un personnage non résolu. J'arrive mécontent et je repars mécontent. Il fallait simplement que Don John soit une présence menaçante et un homme d'action.»

Keanu raconte, au sujet de sa première rencontre avec Kenneth Branagh: «J'avais vu *Henry V*, mais je n'avais pas réellement noté qui avait créé quoi et pourquoi. Quand je suis allé le voir, mon intérêt s'est accru. J'aime Shakespeare et j'aime jouer ses pièces. En parlant avec Ken et en regardant le film [*Henry V*], j'étais très enthousiaste et heureux d'être là. Je me sentais chanceux et content.» De son côté, Kenneth Branagh a une vision très claire du personnage de Don John: «Vraiment malveillant, sexy, passionné, une créature obsédée par la méchanceté. En pantalon de cuir. Très serré. Je serais prêt à débourser le prix du billet d'entrée pour voir Keanu Reeves en pantalon de cuir, tout comme beaucoup d'autres gens, j'en suis sûr.»

Cependant, le plus grand défi pour le jeune acteur dans *Much Ado About Nothing* est le dialogue shakespearien. Il doit s'assurer de s'exprimer avec un ton juste et sans rappeler le parler d'adolescent de Bill et

*Keanu joue avec une distribution prestigieuse dans* Much Ado About Nothing: *entre autres Kenneth Branagh, Robert Sean Leonard et Denzel Washington.*

Ted, comme c'est le cas dans *Dangerous Liaisons, Bram Stoker's Dracula* et, par la suite, *Little Buddha (Petit Bouddha)*. «Il faut répéter une réplique encore et encore pour obtenir la clarté d'élocution et d'esprit, explique-t-il. J'appelle ça une convergence de ce qu'est vraiment le langage, c'est-à-dire la production de sons pour exprimer un besoin psychoémotif.» Le professeur d'élocution, Russell Jackson, travaille de près avec Keanu Reeves pour affiner son accent et son approche du dialogue shakespearien. Connaissant la difficulté qu'éprouvent les acteurs américains avec l'accent britannique, Jackson et Branagh décident de contourner ce problème. «On a pensé dès le début, dit Jackson, que les acteurs américains ne devraient pas adopter un accent britannique ou l'étrange «diction shakespearienne» utilisée dans les théâtres d'Amérique. Ça agacerait inutilement les spectateurs et enlèverait tous leurs moyens aux acteurs. On voulait avoir l'impression de voix naturelles...»

Le tournage de *Much Ado About Nothing* débute en Toscane, en août 1992. L'endroit où se déroule le film semble merveilleux à l'écran, mais la chaleur écrasante (plus de 35° C) y rend le travail pénible pour toute l'équipe. De plus, l'horaire est très serré, car la production ne dispose que de sept semaines pour filmer dans la charmante villa Vignamaggio, située près de la ville de Greve (au cœur de la région vinicole de Chianti).

Considéré comme faisant partie du cinéma «traditionnel» britannique, *Much Ado About Nothing* reçoit un accueil chaleureux, même si certains critiques pensent que Kenneth Branagh adopte une approche trop optimiste pour une pièce à tendance très pessimiste. Parmi l'importante distribution, la présence inattendue de Keanu Reeves est remarquée. Selon le *Village Voice*, «un Keanu maussade hante les environs». Le *Chicago Sun-Times* est du même avis: «Don John, avec une vicieuse barbe noire, boude sur les côtés de l'écran en jetant des regards noirs aux fêtards.» Et le *Sunday Times* ajoute que «Keanu Reeves semble n'avoir que deux expressions: maussade ou moqueuse. Mais la caméra aime vraiment cet acteur...»

Pour Kenneth Branagh, l'attrait de Keanu Reeves est intemporel. «Keanu paraît vivre hors du temps et de l'espace, affirme le réalisateur de *Much Ado About Nothing*. On ne peut pas vraiment s'approcher de lui; il est en quelque sorte inaccessible. Cela le rend très, très désirable. Et il a toutes les qualités nécessaires: un look très physique, séduisant et érotique. On voit, dans son travail, qu'il peut être parfois très doux, parfois très violent ou amusant. Mais il y a quelque chose dans son regard qui semble me dire: «Je veux rester libre.» Je crois que cette combinaison du très désirable et du très inaccessible est excessivement attirante pour les hommes *et* les femmes.»

Encouragé par son succès à décrocher un rôle dans *Much Ado About Nothing*, Keanu récidive quand il voit l'occasion de travailler avec son réalisateur de *My Own Private Idaho*, Gus Van Sant. Celui-ci élabore alors une version cinématographique du roman best-seller de Tom Robbins datant des années 70, *Even Cowgirls Get the Blues* (*Même les cow-girls ont le vague à l'âme*).

L'histoire à rebondissements nombreux de *Even Cowgirls Get the Blues* suit les aventures de Sissy Hankshaw (Uma Thurman), une fille élancée dotée d'énormes pouces. À cause de ce handicap, elle est la plus grande auto-stoppeuse du monde. Tour à tour, elle devient un modèle pour une doyenne de la société new-yorkaise appelée la Comtesse (John Hurt) et ses produits d'hygiène féminine, puis un membre d'un cercle de hippies et d'artistes à New York – dont fait aussi partie Julian (Keanu Reeves), un Mohawk instruit – et finalement l'amante de Jellybean Bonanza (Rain Phoenix, la sœur de River) à son centre de santé féminin. Gus Van Sant connaît ce livre culte depuis les années 70 et affirme: «Je l'ai vraiment aimé, et c'est quelque chose que j'ai toujours voulu filmer, même si je n'en avais pas les moyens jusqu'à tout récemment.» Le réalisateur rencontre

*Keanu interprète Julian dans* Even Cowgirls Get the Blue.

plus tard l'auteur Tom Robbins. «J'étais ravi, dit celui-ci, parce que j'avais vu *Drugstore Cowboy* et compris que cet homme est un véritable artiste.»

Keanu est engagé par Gus Van Sant pour jouer dans *Even Cowgirls Get the Blues* au cours d'une fête, un an avant le début de la production. L'acteur a déjà lu le livre et suggère au réalisateur de lui confier le rôle de Julian. Trouver quelqu'un pour jouer le personnage de l'Amérindien est le plus gros problème de casting pour le réalisateur, et, tout à coup, la solution se présente devant lui! Pour Keanu, le projet de film possède toutes les qualités qui peuvent l'attirer: marginal, différent de ses autres expériences et inattendu. Le jeune acteur a hâte de travailler de nouveau avec Gus Van Sant, même dans un petit rôle. «Je veux vraiment devenir un meilleur acteur, dit-il. Et j'aime faire des choses variées. C'est le défi, le test, la partie terrifiante du métier, mais aussi son aspect le plus intéressant.»

Cependant, *Even Cowgirls Get the Blues* est très mal reçu au festival de Cannes de même qu'au Toronto Film Festival. Ses producteurs décident alors d'en retarder la sortie nord-américaine pour permettre à Gus Van Sant d'en refaire le montage et de le rendre plus accessible au public. En conséquence, le rôle de Julian, déjà très bref, est davantage écourté. Au grand soulagement de Keanu, toutefois, quand il se rend compte que le film est un vrai fiasco. De plus, la contribution de River Phoenix à une seule scène du film est enlevée, parce que le long métrage sort dans les cinémas après sa mort tragique.

Les critiques semblent prendre plaisir à démolir le film. Le *Village Voice* attaque même son ineptie: «Gus Van Sant remplace les excentricités du roman par les siennes... Essentiellement, une série de plus en plus ennuyeuse d'improvisations répétitives sur une toile de fond confuse. Le partenaire élusif de Thurman, Keanu Reeves, a été presque rayé du film avant la première, à Toronto.» Les journalistes britanniques sont aussi féroces et qualifient le film de «fantaisie épique» dans le *Financial Times*, de «fouillis» dans le *Guardian* et «d'erreur embarrassante» dans *Time Out*.

Après ses rôles d'adolescent cafouilleux dans *Bill & Ted's Excellent Adventure*, d'agent du FBI dans *Point Break*, de fils de riches qui s'encanaille dans *My Own Private Idaho* et même du rigide Harker dans *Bram Stoker's Dracula*, certains sont très surpris que Keanu Reeves décroche le rôle du prince Siddharta dans le film *Little Buddha*. On se demande si l'acteur de 29 ans est la meilleure personne pour jouer ce prince indien du sixième siècle avant notre ère, qui deviendra par la suite Bouddha, le fondateur du bouddhisme.

Comme auparavant avec Stephen Frears, Lawrence Kasdan, Gus Van Sant et Francis Ford Coppola, Keanu est donc choisi par un réalisateur en vue pour un rôle important. Cette fois-ci, il s'agit de Bernardo Bertolucci, le célèbre cinéaste italien de *Last Tango in Paris* (*Dernier tango à Paris*), *The Conformist* (*Le conformiste*), *1900* et *The Last Emperor* (*Le dernier empereur*), qui voit dans la beauté quasi asiatique de Keanu le type de figure dont il a besoin pour le personnage de Siddharta. Bertolucci n'est pas bouddhiste lui-même, mais il rencontre le dalaï-lama avant d'entreprendre son film. «Quand je lui ai avoué que je n'étais pas bouddhiste, dit le réalisateur, il a répondu: "Ah, mais c'est tant mieux!" J'ai eu l'impression d'une profonde compréhension et d'une grande compassion.»

Après une recherche de quatre mois afin de dénicher l'acteur idéal pour le personnage de Siddharta, le réalisateur se rend en Inde dans l'espoir de trouver enfin le bon candidat. Il offre d'abord le rôle à l'acteur indien Rahul Roy, mais celui-ci refuse cette chance de faire ses débuts à Hollywood. Selon le magazine *Spice*, ce dernier craint les réactions du public de son pays s'il accepte de jouer dans le film de Bertolucci. En effet, les historiens ne savent pas si Siddharta est originaire de l'Inde ou du Népal et, comme *Little Buddha* sera tourné au Népal, le film fait l'objet d'une controverse en Inde.

Lorsque Bertolucci visionne *My Own Private Idaho* et découvre les origines canado-hawaïennes de Keanu Reeves dans un article de magazine, il pense que son problème de casting est enfin réglé. Il prend alors rendez-vous avec l'acteur dans un hôtel près de Central Park, à New York. Keanu se présente habillé en complet, ce qu'il ne fait presque jamais, mais cela démontre son désir d'obtenir le rôle. Il n'y a aucun doute dans l'esprit du réalisateur que, même si Keanu Reeves constitue un choix audacieux, il possède toutes les qualités requises. Le cinéaste explique: «Siddharta était un être pur et Keanu m'a convaincu qu'il pouvait interpréter cette personne.» Toutefois, avant de lui offrir le rôle, le réalisateur rencontre encore l'acteur à deux reprises à Rome.

Le producteur du film, Jeremy Thomas, est heureux d'apprendre que Keanu Reeves se joint à l'équipe de *Little Buddha*, car il connaît la grande popularité de l'acteur auprès des cinéphiles. «Après tout, confie-t-il, nous voulons que le film soit vu par le plus grand nombre possible de spectateurs...» Mais les membres de l'équipe technique doutent de la pertinence du choix de Keanu pour ce rôle et ils s'en moquent en rebaptisant le film «*Sid & Ted's Excellent Adventure*». Néanmoins, Keanu défend son expérience d'acteur: «Je n'ai pas fait que des films de surf. Je lui [Bertolucci] ai demandé pourquoi il m'avait choisi, et il a dit que c'était à cause de ma pureté.»

Quand Bertolucci lui offre enfin le rôle, Keanu est d'abord surpris. Il reste bouche bée pendant plusieurs minutes et des pensées contradictoires se bousculent dans sa tête. Mais, très vite, il est convaincu qu'il peut se montrer à la hauteur du défi, même si plusieurs personnes lui affirment qu'il en est incapable. Et l'acteur trouve une raison de plus dans son karma pour accepter ce travail. «J'ai 29 ans, indique-t-il, et Siddharta avait le même âge quand il a entrepris sa quête. Je suis donc, moi aussi, à cette étape de ma vie qui constitue le commencement de ma quête de la spiritualité.»

Dans *Little Buddha*, l'histoire commence avec Chris Isaak et Bridget Fonda, qui incarnent les parents d'un petit garçon américain que certains Tibétains croient être la réincarnation d'un lama important. Avec leur fils, le couple se renseigne sur le bouddhisme et sur la vie de Siddharta, le prince indien qui renonce aux plaisirs du monde et à l'extrémisme religieux pour trouver la voie du milieu de la vérité bouddhique.

Afin de connaître davantage son personnage et se préparer mentalement au tournage au Népal, Keanu doit effectuer une recherche sérieuse et laisser jouer son imagination. «Je ne connaissais pas le bouddhisme, avoue-t-il. J'ai commencé à méditer et à lire sur cette religion. J'ai pensé à la vieillesse, à la souffrance et à la mort. Il faut vraiment avoir une expérience émotive des sentiments et des autres êtres. C'est le commencement. J'ai fait ma valise en la remplissant surtout de livres et je suis parti...» En outre, le réalisateur Bertolucci trouve une idée qui, pour Keanu, se révélera la clé de son interprétation de son rôle. «Environ 30 heures avant que je ne prononce mes premières répliques, confie l'acteur, Bernardo m'a dit: "Je crois que Siddharta devrait parler avec un accent." Il travaille de façon instinctive et instantanée, ce qui me plaît, et je pense que c'était une idée inspirée et la meilleure solution. J'ai donc adopté, en gros, un accent anglo-américano-indien.»

La préparation physique de Keanu Reeves pour son rôle implique de grands sacrifices, parce qu'il ne porte, dans le film, que très peu de vêtements. De plus, le rôle de Siddharta comprend la période de jeûne de six ans que s'impose le prince indien. Bertolucci propose d'abord à l'acteur de le remplacer par un figurant au corps émacié pour tourner ces scènes. Mais Keanu refuse et veut jouer lui-même toutes les scènes de son personnage. Malgré son penchant pour le coca-cola, les hamburgers et la bière, il se met à jeûner avant le début du tournage pour perdre des kilos. Ce dur régime lui donne toutefois des cauchemars intéressants: «Je rêvais de pain de fromage, et de verser du vin sur ma tête en me roulant complètement nu dans la poussière...»

Heureusement, le régime de Keanu donne les résultats escomptés. Quand il arrive à Katmandou, il passe avec succès l'inspection des moines bouddhistes qui doivent approuver son choix pour le personnage. Ceux-ci rendent un verdict positif: «Oui, nous avons consulté les oracles, et c'est très bien pour vous de jouer ce rôle.»

Après la confirmation des moines, Keanu s'immerge dans son rôle et adopte les croyances bouddhistes (dont il conservera certaines après le tournage de *Little Buddha*). «À mon retour chez moi, dit-il, je me sentais différent. C'est très surréaliste, le rythme accéléré de Los Angeles. Mais je ne suis pas devenu un ermite pour autant. Je me suis aperçu que, pour continuer à être un acteur, je ne le pouvais pas. Je n'avais pas l'habitude de la méditation. J'ai tourné une nouvelle page et c'est devenu important.»

«J'étais heureux d'être à Katmandou, confie-t-il. C'était incroyable, les vaches sur le chemin...» Mais certaines réalités, là-bas, plaisent moins à Keanu, comme l'invasion grandissante de touristes. «Dans ces villes de 900 ans avec les vaches, les enfants et les maisons presque sans électricité, indique-t-il, arrivent des autocars de touristes dont les fenêtres sont scellées: plus de 100 visiteurs enfermés dans leur bulle... Mais ça vaut peut-être mieux que de leur faire traverser la ville à pied... Il n'y a pas de solution.»

Keanu et l'équipe de *Little Buddha* sont confrontés à des problèmes plus terre à terre pendant leur séjour au Népal. «En arrivant à Katmandou, dit la vedette du film, je me suis rendu compte pourquoi les villes

*Jeremy Thomas et Bernardo Bertolucci avec Keanu Reeves.*

américaines sont si propres. Il y a de la merde partout, dans ces villages médiévaux. Je suis sûr que les colons américains devaient n'avoir qu'une chose en tête: nettoyer tout ça et le faire disparaître dans des égouts.» Les mauvaises conditions sanitaires sont responsables d'une épidémie de diarrhée qui affecte aussi Keanu. «Oh, oui! J'étais dans un monastère. Pendant que je mangeais du riz et des pommes de terre, les Népalais me confiaient que les Européens, avec leur estomac fragile étaient souvent souffrants à cause de la nourriture locale. J'étais là, malade comme un chien et obligé de me retenir, comme un yogi...»

Le tournage de *Little Buddha* donne l'occasion au jeune acteur de découvrir un monde très différent. En particulier, Keanu travaille avec Khyentse Rinpoche, un dignitaire local très respecté. «C'était lui qui aidait Bertolucci. Un homme vénérable... On allait dans une ville, et le chef de l'armée se prosternait devant lui. De mon côté, je le traitais de façon beaucoup plus cavalière.» Keanu se met même à porter des habits et des bottes bouddhistes pour ses promenades, le soir, pendant lesquelles il salue les enfants et ses fans féminines qui ont vu le vidéo de *Point Break*.

Keanu admire beaucoup Bertolucci pour sa maîtrise du tournage très complexe de *Little Buddha* au Népal. «Il y avait des éléphants qui marchaient sur le plateau, 500 figurants qui n'arrivaient pas à mettre leur costume, le soleil qui se levait, la brume qui ne venait pas, le cheval qui piétinait les gens! C'était totalement fou, mais on aurait dit qu'il flottait au-dessus de tout ça. Il était très décidé à ce que tout marche bien... Bernardo a une vision et, quand il arrive à un endroit, il y réagit de façon organique et obtient des résultats. On sent qu'on travaille avec un maître, alors c'est un processus plus compliqué qu'à Hollywood, mais, parfois, c'est incroyablement simple.»

À la fin, Keanu Reeves pense que *Little Buddha* est assez réussi, compte tenu des sujets qu'il aborde. Il trouve aussi que c'est un film très poétique. Le producteur Jeremy Thomas croit que Keanu se tire assez bien de ce qui est, sous certains aspects, un «rôle dangereux». Quant à Bertolucci, il est très satisfait du résultat obtenu. «J'ai tant pensé à ce problème, dit-il de sa tentative de capturer l'essentiel de Siddharta dans la performance de Keanu. Je pense que c'est la première fois que j'ai une fin heureuse pour un de mes films. Je croyais que les fins heureuses étaient une idiotie hollywoodienne, mais ici, c'est très naturel.»

Les réactions à la performance de Keanu dans *Little Buddha* sont beaucoup plus positives que celles soulevées par son personnage de Harker dans *Bram Stoker's Dracula*. Dans *Time*, Richard Schickel écrit qu'il est étonné de la réussite de Keanu: «Siddharta est joué avec une conviction improbable par Keanu Reeves, un autre des choix excentriques,

*Le voyage de Keanu au Népal pour* Little Buddha, *est l'occasion pour lui d'une profonde réflexion sur sa vie.*

*Keanu en compagnie de Sofia Coppola, une des femmes avec qui il aurait eu une relation.*

mais heureux, de Bernardo Bertolucci dans *Little Buddha*.» Pour *Variety*, Keanu interprète un «Siddharta étonnamment captivant et fringant», et le *Village Voice* qualifie l'acteur de «béatifique». Enfin, le *London Times* se dit plaisamment surpris: «Vu ses performances maladroites dans ses rôles d'époque précédents, l'interprétation de Keanu du jeune Siddharta est très convaincante.»

*Little Buddha* sort d'abord en Italie et en Allemagne. Puis, Bertolucci le reprend pour modifier le montage et l'écourter de 18 minutes, afin de l'adapter au marché américain. En vain, toutefois, car le film disparaît très vite des cinémas et n'aura qu'un succès modeste en vidéo. Ni le cachet artistique du réalisateur ni la popularité de Keanu Reeves ne suffiront à sauver le long métrage de l'échec au box-office. Quoique visuellement extraordinaire, son mélange curieux de narration simple et d'exotisme élaboré n'est pas compris ni accepté par les spectateurs.

*Little Buddha* représente tout de même une expérience valable pour Keanu Reeves. À l'approche de la trentaine, l'acteur réalise enfin son ambition de se débarrasser de son image d'adolescent décontracté qui a lancé sa carrière, mais qui continue de le hanter à cause de son look encore jeune. Malgré ses différences, le rôle, dans *Little Buddha*, possède certaines ressemblances thématiques avec les autres personnages déjà joués par Keanu et constitue un apport positif à sa personnalité publique.

Toujours libre dans la vie privée, Reeves a des liaisons avec quelques femmes à cette époque. Bien avant la rupture officielle du mariage de Kenneth Branagh et Emma Thompson, il aurait une aventure avec cette dernière pendant le tournage de *Much Ado About Nothing*, quoiqu'il semble accorder alors plus d'attention à Kate Beckinsale (Hero), qui ne répond pas à son ardeur. On rapporte qu'il courtiserait aussi Sofia Coppola (la fille de son réalisateur dans *Bram Stoker's Dracula*), qu'il rencontre durant le tournage de ce film. Mais aucune de ces relations ne dure et Keanu continue sa vie en solitaire.

Keanu se rend compte qu'il lui faudra maintenant aborder ses rôles de façon plus réfléchie. Il échappe enfin aux personnages d'adolescents, mais l'aura d'innocence qui entoure sa personne en fait encore un candidat pour des rôles similaires à ceux de Harker ou de Siddharta. Pendant qu'il réfléchit sur la suite de sa carrière, il admet avoir «assurément la possibilité d'acquérir plus de maturité. Je veux réellement devenir un meilleur acteur, mais je me laisse encore porter par les événements.» À l'horizon, toutefois, se profile le rôle qui orientera définitivement sa carrière dans la bonne direction.

## CHAPITRE 7
# Le succès à 100 à l'heure

L'année 1994 sera très importante pour Keanu Reeves, mais elle est précédée d'une période difficile pour le jeune acteur. En effet, depuis *Bram Stoker's Dracula* en 1992, les films de Keanu ne remportent pas de gros succès, et celui-ci voit donc son étoile baisser au firmament de Hollywood. Ses choix récents de rôles (comme celui dans *Freaked* qu'il fait pour s'amuser avec son copain Alex Winter ou le personnage négatif de Don John, dans *Much Ado About Nothing*) reflètent son manque de sérieux envers sa carrière. Les critiques commencent à penser que son statut d'idole des jeunes n'est pas mérité et que sa carrière ne repose pas sur des bases solides. Malgré tout, il a une expérience de travail avec plusieurs réalisateurs prestigieux qui font un cinéma expérimental ou grand public.

Cependant, la situation sera complètement différente avec la sortie du film *Speed*, de Jan De Bont. Keanu pourra enfin jouer un vrai rôle de héros de film d'action dans un mégasuccès d'été. Il semble bien que, dans le cas de Keanu Reeves, l'adoration de ses fans arrive en premier et que le film qui définit sa carrière vient par la suite.

Originaire des Pays-Bas, Jan De Bont travaille d'abord comme directeur de la photographie pour plusieurs films d'action hollywoodiens. Quand il devient réalisateur avec son premier film, *Speed*, il connaît parfaitement tous les éléments qui entrent dans la composition des films d'action américains ainsi que les aspects logistiques du processus de production. Le projet de *Speed* recevra le surnom de «*Die Hard (Marche ou crève)* dans un autobus». C'est vrai que l'intrigue en est assez simple pour être ainsi résumée par cette brève expression.

Dans le film, Dennis Hopper joue Howard Payne, un ancien policier en quête de vengeance qui défie Jack Traven (Keanu Reeves), un policier audacieux et un expert du désamorçage de bombes. Payne installe une bombe dans un autobus de Los Angeles pour que celle-ci explose si le véhicule ralentit à moins de 80 kilomètres à l'heure. Le policier, interprété

*Keanu en répétition avec le réalisateur de* Speed, *Jan de Bont.*

par Keanu, fait alors équipe avec Annie (Sandra Bullock), une passagère de l'autobus, afin de garder le véhicule en mouvement sur la route et hors de danger. Le réalisateur considère que l'attrait principal du film réside dans «ces personnes ordinaires dans un autobus ordinaire qui font des choses sortant complètement de l'ordinaire».

Pour le premier rôle dans *Speed*, Jan De Bont cherche un nouveau type de héros d'action: un homme plus jeune, plus sensible et plus vulnérable. «Beaucoup plus comme une vraie personne», selon sa description du personnage principal du scénario de son film, «et non quelqu'un qui ressemble tout le temps à un géant musclé». Le casting de Keanu Reeves pour ce nouveau héros d'action sensible est une surprise pour beaucoup de gens de l'industrie cinématographique. Pourtant, c'est un choix tout à fait logique. Somme toute, l'acteur joue un rôle similaire dans le film de surf, *Point Break*, de Kathryn Bigelow quelques années auparavant. De Bont connaît bien ce film et il pense que la performance de Keanu dans le rôle de l'agent du FBI est parfaite pour *Speed*. Il explique sa réaction: «J'ai vu des scènes, dans ce film, qui m'ont fait penser que, s'il acquérait un peu de maturité, il deviendrait vraiment bon.»

Quoique le réalisateur De Bont aime sans réserve le scénario de *Speed* du Canadien Graham Yost, ce n'est pas le cas pour Keanu, après sa première lecture. De toute façon, interpréter un héros de film d'action ne figure pas en tête des priorités de l'acteur. Il croit que le personnage de Jack Traven (avec ses courtes répliques dans le style de Bruce Willis) semble sorti du même moule que celui de la vedette de *Die Hard*. Mais il est fasciné par l'intrigue du film. «L'autobus et la bombe: tout simplement fantastique, dit-il. C'est si stupide, je pensais que cela pouvait être un échec, mais avec le bon gars... et Jan possède, je suppose, une certaine vision. Il sait ce qu'il veut accomplir et je crois que ça serait amusant à tourner. Je réalise que c'est un terme éculé, mais il a beaucoup d'enthousiasme. On dirait un homme investi d'une mission.» Au début, Keanu n'est donc pas trop emballé à l'idée de prendre la vedette d'un film d'action de l'été. Ses conseillers, par contre, croient que cela constituerait un excellent atout pour sa carrière. Ils commencent alors à discuter avec le réalisateur De Bont du scénario, afin d'en faire rayer les répliques humoristiques et de mieux le profiler pour leur protégé.

*Keanu Reeves et Sandra Bullock sont tous deux devenus de grandes stars hollywoodiennes grâce à* Speed.

*La nouvelle coupe de cheveux, très courte, de Keanu inquiète les cadres du studio, qui pensent qu'il devrait porter une perruque.*

Pendant que les révisions du scénario se poursuivent, la direction de 20th Century Fox exprime des doutes sur le casting fait par De Bont pour *Speed*. Ils ne sont pas convaincus, entre autres, du potentiel de Keanu à titre de héros d'action. C'est pourquoi ils voudraient bien qu'on lui donne comme partenaire une actrice célèbre pour s'assurer d'un succès au box-office. Le réalisateur n'est pas d'accord et leur répond: «Vous ne pouvez aborder le problème sous cet angle. Il faut plutôt trouver la combinaison parfaite. Je veux quelqu'un qui peut conduire l'autobus de façon convaincante, pas un joli visage, mais plutôt une femme forte et combative.»

Finalement, les vœux de Jan De Bont pour la vedette féminine de son film sont exaucés avec Sandra Bullock. À ce moment-là, celle-ci est une actrice assez peu connue qui joue dans des films à petit budget (comme *Love Potion No. 9*) et avec Sylvester Stallone, dans *Demolition Man* (*Le destructeur*). «Fox a refusé de l'engager durant une longue période, se plaint Jan De Bont. Puis, à deux semaines, ou moins, du début du tournage, ils ont enfin décidé de l'accepter. C'était un vrai cauchemar, mais ils font une bonne équipe.»

120

À l'écran, dans le produit fini, Sandra Bullock et Keanu Reeves fonctionnent très bien ensemble. De plus, l'acteur et l'actrice développent une bonne relation, au niveau personnel et professionnel, pendant le tournage de *Speed*. En effet, l'acteur célèbre fait des efforts pour aider la nouvelle venue. «C'était extraordinaire de travailler avec lui, affirme Sandra Bullock. Il n'était pas obligé d'être là à cinq heures pour une de mes scènes, mais il est sorti de sa caravane et a dit: "J'ai attendu parce que je savais que tu aurais besoin de moi pour cette scène." Ça, c'est très rare. Les gens sont fous de lui et ils ont bien raison parce qu'il est aussi beau en dedans qu'en dehors.»

L'association entre Keanu et Sandra est si forte que plusieurs membres de l'équipe de *Speed* se demandent même si les deux n'ont pas une liaison amoureuse. L'actrice n'a que des éloges pour son partenaire: «C'est un gars beau et gentil... une des personnes les plus respectueuses qu'on peut rencontrer. Ça, c'est Keanu. Il est incroyablement amusant, vous savez, et il l'ignore. La première chose qu'il m'a dite c'est: "Je n'ai pas le sens de l'humour." Mais, progressivement, je crois qu'on l'a découvert. Il était poli et aimable et sans aucun égocentrisme. Il est semblable à un chat.»

Sandra Bullock est aussi très contente que Keanu Reeves ne soit pas un héros d'action supermacho comme Sylvester Stallone ou Arnold Schwarzenegger. «J'aime bien, reprend l'actrice, que Keanu ne soit pas toujours le mâle puissant et qu'il se fie à une femme aussi forte que lui. Ça ne le rend pas moins masculin, mais tout simplement plus humain.»

On ne saura peut-être jamais si la relation entre Keanu Reeves et Sandra Bullock, pendant le tournage de *Speed*, dépasse la simple amitié. Comme presque toujours dans le passé, Keanu garde sa vie privée à l'abri de la presse à scandale avec sa technique habituelle: il fait semblant de ne pas en avoir une et prétend qu'il n'y a donc rien à raconter.

Quand le choix des acteurs est complété et son scénario terminé, Jan De Bont est prêt à entreprendre le tournage de *Speed*, mais il bute alors sur un détail important qui risque de tout remettre en jeu. En effet, le réalisateur insiste pour que sa vedette se fasse couper les cheveux extrêmement courts. «Le problème avec Keanu, confie-t-il, c'est qu'il paraît très jeune et je voulais qu'il ait l'air d'un jeune adulte. Je ne désirais pas qu'il ressemble à un enfant, même si lui aime ça.» Un autre aspect du look de Keanu doit être modifié pour le film, soit son physique. Alors, le réalisateur demande à l'acteur de faire de la musculation pour que son image corresponde à celle de son personnage.

Le tournage commence finalement à la fin de l'été 1993. Pour essayer de donner de l'enthousiasme à sa vedette plutôt réticente, Jan De Bont suggère à Keanu d'exécuter lui-même certaines de ses cascades. L'acteur conduit donc lui-même la Jaguar qui se faufile entre les voitures dans la scène sur l'autoroute. Le réalisateur explique la réaction du jeune homme: «Il a tellement aimé cette expérience qu'il m'a déclaré: "Les films d'action peuvent être amusants!" Cela lui a donné une décharge d'adrénaline et, à partir de ce moment-là, il l'avait tous les jours. Il était toujours là et, quand c'était possible, il voulait tout faire lui-même, parce que c'était excitant. C'est ce côté de sa personnalité qui fait qu'il veut tout expérimenter lui-même directement.»

Finalement, Keanu Reeves exécute lui-même environ quatre-vingt-dix pour cent de ses cascades dans *Speed*, ce qui ajoute à la crédibilité de son image d'idole d'action qui émergera lors de la sortie mondiale du film. «Je me suis beaucoup impliqué, admet Keanu. C'est l'une des leçons que j'ai apprises dans *Point Break*: plus je suis dedans, mieux c'est. Gary Himes, le coordonnateur des cascades, et Jan excellaient dans la préparation de situations où j'avais l'air d'être vraiment en danger, qu'ils me laissaient enfin jouer.» L'acteur confesse qu'il se surprend lui-même par les prouesses qu'il peut ainsi accomplir. De plus, il adore la tension et l'excitation générées par ces acrobaties. Néanmoins, les scènes d'action ne sont pas toutes jouées par le vrai Keanu, car il est trop précieux et inexpérimenté pour cela. «La dernière scène de Jack allant sous l'autobus est exécutée par un cascadeur. Je n'ai pas fait de cascades trop difficiles, j'ai laissé ça aux professionnels.»

Le tournage de *Speed* progresse très bien, mais un événement inattendu bouleverse Keanu Reeves à la fin d'octobre. Son ami River Phoenix meurt par surdose à ce moment-là, sur un trottoir de Sunset Strip devant le Viper Room, un bar à la mode appartenant à l'acteur Johnny Depp. Keanu est très affecté par la mort de son ami. «C'est un choc terrible, dira-t-il plus tard quand il se sentira capable d'en parler. Il me manque beaucoup... Je ne comprends pas ce qui s'est passé.» Voyant que sa vedette subit un gros choc émotif, Jan De Bont décide de modifier l'horaire du tournage de *Speed*. Le réalisateur s'assure donc que l'acteur n'a pas de scènes trop exigeantes à tourner peu après la mort de River Phoenix. Il déclare que Keanu «a très mal pris ça. Il est devenu très calme. Il lui a fallu beaucoup de temps pour accepter... ça l'a vraiment terrifié.»

Néanmoins, Keanu accepte finalement la mort de River Phoenix et peut alors exprimer le sens de son amitié avec celui-ci. «River était un acteur très sérieux, confie-t-il. C'était le meilleur. Ça m'a beaucoup aidé de travailler avec lui, il était vraiment inspirant et intelligent. Tout ce que je

*Une nouvelle vedette d'action: Keanu vise à être un héros plus crédible dans* Speed.

peux dire, c'est que je n'ai jamais ressenti quelque chose comme ça avant. Je suis très triste, et parfois même davantage. C'est très dur à expliquer, parfois, je pleure des heures de temps...»

«Préparez-vous pour l'heure de pointe!» est le slogan inspiré qui est utilisé pour la promotion de *Speed*, lors de sa sortie dans les cinémas américains en juin 1994. Avec des critiques spectaculaires et un excellent bouche à oreille sur l'excitation provoquée par le film, *Speed* enregistre des recettes au box-office de 100 millions de dollars en sept semaines seulement. Il remporte donc un énorme succès et ses producteurs sont très satisfaits.

Divisé en trois parties différentes, *Speed* met en scène Jack Traven, un membre de l'escouade antiterroriste de la police de Los Angeles. Au début, il est aux prises avec un ascenseur en chute libre, puis avec une bombe dans un autobus qui explosera si la vitesse de celui-ci tombe en bas de 80 km/h et, enfin, avec une rame de métro hors de contrôle.

*Keanu Reeves et Sandra Bullock s'étreignent passionnément dans la dernière scène de* Speed.

Chacune de ces situations suffiraient pour faire un film complet, mais les trois ensemble donnent à *Speed* une charge d'énergie incroyable. La réalisation de Jan De Bont et le scénario de Jost (avec les révisions de Joss Wheedon) réduisent le long métrage à l'essentiel, c'est-à-dire une série de scènes d'action explosives sans aucune transition.

Néanmoins, *Speed* ne présente pas de réel développement des personnages. Keanu Reeves est le héros, Dennis Hopper le terroriste qui pose des bombes, Jeff Daniels le copain sacrifié par les projets du méchant et Sandra Bullock (dans une performance qui la consacre vedette) la fille ordinaire propulsée dans une situation extraordinaire. Il n'y a pas de vraie intrigue non plus, seulement une série d'événements que le héros doit affronter. Tous ces aspects seraient des points négatifs dans un autre film, mais ils contribuent en fait au succès phénoménal de *Speed*. C'est un des premiers films à transposer au cinéma l'expérience d'un tour dans un parc d'attractions thématique.

Dans le magazine *Time*, Richard Schickel écrit que le style de *Speed* «qui le fait aller à l'essentiel constitue une partie de son attrait... Il est exécuté avec panache et une extrême conviction.» Quant au *Village Voice*, il considère que le film peut changer de façon dramatique la carrière de Keanu. Le *Chicago Sun-Times* voit aussi de nouveaux horizons s'ouvrir pour lui et affirme: «Keanu Reeves n'a jamais eu de rôle comme ça auparavant... C'est pourquoi il est étonnant de le voir si "cool" et concentré ici, un héros tout à fait convaincant.» Enfin, en Grande-Bretagne, *Empire* déclare que grâce à ce film, Keanu est couronné «la première vedette masculine des années 90» et qualifie *Speed* de «décharge d'adrénaline pure... l'aventure terrifiante et excitante de l'année...»

Keanu devient donc, grâce à *Speed*, une véritable idole culturelle au sex-appeal convaincant, mais inhabituel. Il joue dans ses films des personnages passifs sur le plan sexuel et perdants dans les relations amoureuses, un peu comme dans sa vie, d'ailleurs. Par exemple, dans *Bram Stoker's Dracula*, sa fiancée (Winona Ryder) s'éprend de Dracula (Gary Oldman) et, dans *Dangerous Liaisons*, Cécile (Uma Thurman) lui préfère Valmont (John Malkovich). Pour un acteur dont l'attrait est autant centré sur son sex-appeal, cette quasi absence de sexe dans ses films et dans sa vie est très étonnante. Ainsi, dans *Speed*, le héros et l'héroïne ne vont pas plus loin qu'un baiser passionné à la fin du film. Keanu Reeves est donc une énigme au point de vue sexuel. Et, pour un jeune sex-symbol du grand écran, il n'a à son actif que très peu de rôles romantiques.

Au faîte de son succès avec *Speed*, Keanu Reeves doit faire face à la question qui hante sa carrière depuis des années à Hollywood, bien que rarement formulée: «Keanu est-il homosexuel?» On le voit, en effet, très peu avec des compagnes féminines lors de ses sorties et, contrairement à Johnny Depp ou à Brad Pitt, la presse à scandale ne parle presque pas d'aventures entre Keanu Reeves et des actrices hollywoodiennes. Cette question prend soudainement plus d'importance quand une rumeur sur Keanu se met à circuler comme une traînée de poudre. Selon certaines sources, l'acteur aurait «épousé» secrètement le magnat du cinéma et de la musique David Geffen, dans une cérémonie célébrée sur une plage du Mexique et suivie d'une orgie de dépenses portées à la carte de crédit de Geffen. L'histoire semble être publiée d'abord dans des journaux italiens et espagnols, puis dans des publications de New York et de Los Angeles.

Les histoires sur l'homosexualité possible de Keanu Reeves remontent à au moins cinq ans, depuis une entrevue donnée au magazine *Interview*. Quand on lui demande alors s'il est gai, l'acteur répond d'abord par la négative, en ajoutant toutefois: «Mais, on ne sait jamais...» Cette réponse rappelle sa période au théâtre torontois avec *Wolfboy*, la pièce controversée à thème homosexuel qui donne le coup d'envoi de sa carrière et réjouit la communauté gaie de Toronto. En outre, sa performance aux côtés de River Phoenix dans le drame *My Own Private Idaho*, le film sur la prostitution mâle de Gus Van Sant, ne fait qu'attiser ces rumeurs, tout comme le vide sentimental de sa vie privée.

Ce n'est que lorsque la rumeur du «mariage» secret avec David Geffen se propage que Keanu doit aborder directement la question de son orientation sexuelle. L'acteur fait alors une réponse très calme: «C'est si ridicule que je trouve ça drôle. Il n'y a rien de mal à être gai, alors, de le nier, c'est de passer un jugement. Pourquoi tant s'en faire? Si on ne veut pas m'engager parce qu'on pense que je suis gai, alors je devrai régler ce problème, ou si les gens se mettent à protester devant les cinémas... sinon ce ne sont que des commérages sans importance.» Quant à David Geffen, le célèbre producteur de films et de disques qui est maintenant un des partenaires du triumvirat dirigeant le nouveau studio Dreamworks, il est très franc sur son homosexualité. Mais il dément, lui aussi, les rumeurs d'une relation intime avec Keanu Reeves.

Même s'il ne s'agit que de rumeurs, les agents de Keanu organisent une campagne de presse pour mettre les choses au point. Ils conseillent même à leur vedette d'accorder une longue entrevue au magazine gai *Out*. Mais Keanu n'y consent que parce qu'on le convainc que c'est nécessaire pour sa carrière. Au sujet de l'affaire David Geffen, il déclare: «J'en ai d'abord entendu parler sur mon répondeur quand j'étais à Winnipeg [pour *Hamlet*]. Mon amie Claire m'a téléphoné. Elle a dit: "J'ai appris que tu t'étais marié, félicitations." Je n'y ai même pas beaucoup pensé. Je suppose que je dois préciser que je n'ai jamais rencontré ce type.»

À l'époque, Keanu Reeves réagit calmement à cette attaque contre son image et suit les conseils de son entourage pour faire face à cette crise. Mais les rumeurs, les sous-entendus et les calomnies révèlent à l'acteur les dessous de la vie publique hollywoodienne. Depuis toujours, il protège jalousement sa vie privée, qu'il voit comme séparée de sa vie professionnelle. Mais cette attitude fait naître des spéculations bizarres et non fondées qui pourraient être plus dangereuses pour lui que la vérité plus prosaïque. Toutefois, une partie de l'attrait de Keanu provient, sans aucun doute, de son ambiguïté sexuelle.

Malgré tous leurs efforts, chacun de leur côté, Keanu Reeves et David Geffen ne peuvent faire oublier complètement cette histoire. L'idée d'un mariage «nouvel âge» des deux personnalités sur la plage est très attirante (même si elle est fausse) pour la presse à scandale et le public, et la rumeur continue donc de se développer. Selon le *Toronto Star*, David Geffen assisterait à plusieurs représentations du *Hamlet* de Keanu à Winnipeg, au début de 1995. Et d'autres articles des médias font état d'une relation entre Keanu et un danseur du Royal Winnipeg Ballet.

Les suites de l'affaire Geffen amènent Keanu Reeves à laisser tomber, pour une fois, la façade de son personnage d'écervelé et à révéler quelque peu l'homme intelligent qui se cache derrière. «En Amérique, dit-il, on pense que si vous êtes une personnalité publique, on a le droit de vous demander n'importe quoi. Cela ne me dérangerait pas trop si c'était relié, d'une certaine manière, à l'acte de création plutôt qu'à la quête de scandales ou à une curiosité débridée.» Il admet également que tout cela l'agace tellement qu'il ne lit plus ce que la presse écrit sur lui. «J'en ai assez, ajoute-t-il, d'être mal interprété, mal cité, manipulé, mis sur un piédestal puis renversé, c'est trop compliqué. Avant, ça m'ennuyait beaucoup, mais, maintenant, avec mon côté Vierge un peu masochiste... ça m'amuse.»

Néanmoins, Keanu se sort facilement de l'épisode concernant sa soidisant relation avec David Geffen. En définitive, ce dont se rappellera le public de l'année 1994, c'est le succès fulgurant de *Speed*, qui aide énormément la carrière de l'acteur. L'effet le plus immédiat pour lui est une hausse de son cachet de six cent pour cent. En effet, l'acteur reçoit maintenant des offres de rôles assorties d'un salaire de sept millions de dollars! Avec *Speed*, Reeves se trouve, sans contredit, placé sur la liste «A» des vedettes hollywoodiennes et devient un héros de films d'action d'un genre très spécial. Après avoir joué selon les règles de Hollywood, pour une fois, la vedette se trouve donc gagnante sur toute la ligne.

Keanu Reeves refuse néanmoins de prendre la route facile du succès après *Speed*. Pour le moment, ce film d'action lui suffit. L'acteur sent plutôt le besoin de revenir au théâtre, après ses exploits spectaculaires et a depuis longtemps l'ambition d'interpréter le rôle de Hamlet. De plus, il accepte de jouer le premier rôle dans le bizarre film de science-fiction *Johnny Mnemonic*. Auparavant, toutefois, Keanu doit d'abord s'occuper d'un problème familial.

## CHAPITRE 8
# La tête dans les nuages

Au sommet de son grand triomphe dans Speed et après s'être débarrassé des rumeurs ridicules le reliant à David Geffen, Keanu Reeves éprouve de nouvelles difficultés, d'ordre familial cette fois. Samuel Nowlin Reeves, avec qui Keanu n'a aucun contact depuis le début de son adolescence, est alors arrêté à l'aéroport d'Hilo à Hawaii, et la presse parle beaucoup de l'arrestation du père de la célèbre vedette de cinéma. Samuel est accusé de trafic de drogues, puisqu'il est surpris en possession de grandes quantités d'héroïne et de cocaïne. La police prétend aussi qu'il collabore avec un gang mexicain important se livrant à la contrebande de ces substances.

La police est sur la piste de Samuel Reeves depuis plusieurs semaines avant son arrestation, en surveillant étroitement l'homme mûr rondelet et sa ferme à Hilo. Selon un renseignement fourni par un voisin, les policiers suivent un jour Samuel et un compagnon jusqu'à l'aéroport local où ils arrêtent les deux suspects avec un chargement d'héroïne et de cocaïne. L'autre personne appréhendée dans ce coup de filet est un homme de 24 ans, Hermilo Castillo, un soi-disant membre de la pègre mexicaine. Castillo verse rapidement une caution de 100 000 $ et quitte tout de suite le pays, laissant le père de Keanu faire face, seul, aux accusations de la police.

Devant le tribunal, le 21 juin 1994, Samuel Reeves reconnaît sa culpabilité à une accusation moindre de trafic de drogues. Ses explications (portant sur la légalisation nécessaire, selon lui, des drogues et le fait que ses actions ne sont donc pas répréhensibles) ne l'aident en rien, bien au contraire. Le père de Keanu est condamné à une peine de dix ans de pénitencier au Halawa State Prison, près de Pearl Harbour.

Quoiqu'il n'ait plus aucun lien avec son père depuis très longtemps, le jeune Reeves se rend compte qu'il ne peut échapper à la publicité générée par l'emprisonnement de celui-ci, même si l'acteur aimerait ignorer toute cette situation. «Je ne désire pas en parler, répond-il toujours à la presse. Il a disparu de ma vie depuis mon enfance.» Mais, malgré cette tactique du silence de Keanu, il est évident que Samuel Reeves a grandement influencé la vie de son fils, surtout par son absence. «Je crois, confie Keanu, qu'une grande partie de ce que je suis est une réaction contre ses actions. [En tant que père,] j'essaierais d'abord et avant tout d'être présent.» Timide et solitaire durant son enfance, l'acteur demeure marqué par l'abandon définitif de son père à l'âge de 13 ans. Malgré son statut de vedette, la pensée de son père le ramène aux sentiments malheureux de son adolescence. Ainsi, au faîte de son succès à l'âge de 30 ans, ce dernier revient encore le hanter.

Même si Keanu refuse de commenter l'arrestation de son père, Leslie Reeves, son cousin, se charge de parler aux médias. «Quand il a appris que son père avait été arrêté, Keanu s'est mis en colère. Il a dit: «J'ai bien besoin de ça!» Il n'aime pas son père. Il n'a que du mépris pour lui et il le déteste.» Shawn Aberle, l'ami d'enfance de Keanu, ajoute ce commentaire: «Il en veut vraiment à son père pour la façon dont celui-ci l'a abandonné.» Pourtant, c'est cet abandon qui pousse Keanu Reeves depuis

*Ice T., Keanu Reeves et Dina Meyer dans* Johnny Mnemonic.

longtemps, à prouver qu'il peut faire mieux que son père. Et malgré tout son argent et les nombreuses tentations à Hollywood, il est bien décidé à éviter le piège de l'accoutumance aux drogues. Après tout, il est le témoin de l'effet néfaste de celles-ci sur son ami acteur River Phoenix et sur son père maintenant emprisonné. Ce sont des erreurs de ses proches dont Keanu veut tirer un enseignement.

La source du film *Johnny Mnemonic* est une nouvelle du célèbre auteur «cyberpunk», William Gibson. Cet écrivain invente le mot «cyberspace» au début des années 80, bien avant que l'Internet ne jouisse de son énorme popularité. William Gibson commence à écrire de la science-fiction en 1977 et son œuvre la plus connue est la trilogie de *Neuromancer, Count Zero* et *Mona Lisa Overdrive* (publiée de 1981 à 1988). Pour *Neuromancer*, il reçoit les prix Hugo, Nebula et Philip K. Dick ainsi qu'une importante couverture médiatique.

À l'origine, *Johnny Mnemonic* est financé par Carolco Pictures, mais le projet est ensuite mis sur le marché libre en raison des difficultés financières de la compagnie. Cela signifie que tout studio ou producteur intéressé par le film peut l'obtenir après le paiement, à Carolco, de ses frais de développement. Peter Hoffman, un ancien producteur de Carolco et un fan de William Gibson, l'acquiert donc et engage le producteur B.J. Rack de *Terminator 2: Judgment Day* (*Terminator 2: le jugement dernier*) et de *Total Recall* (*Voyage au centre de la mémoire*) pour mener à bien ce projet. Le réalisateur choisi pour le film est Robert Longo, un artiste new-yorkais ayant une expérience limitée aux vidéos rock, aux spéciaux télévisés sur le câble et dans un court métrage expérimental qui met en vedette Ray Liotta.

Cependant, avant que Keanu décroche le rôle-titre de *Johnny Mnemonic*, on l'offre d'abord à Val Kilmer. «J'ai parlé avec lui de son rôle dans le film, dit William Gibson de Val Kilmer. Puis un jour, sans crier gare, j'ai appris qu'il n'en faisait plus partie. Je crois que Val aurait donné une performance très dramatique, mais ça aurait été différent. C'est l'aspect étrange du casting que de pouvoir vraiment changer un film.»

Le suspense de ce changement d'acteurs s'étend aussi à la façon dont Keanu Reeves obtient le scénario. L'acteur ne le reçoit pas de Creative Artists Agency, qui représente également Val Kilmer et se serait ainsi trouvé en conflit d'intérêts. «Il est juste arrivé chez moi, dit Keanu. Il m'a été donné par un ami d'un ami. Quand j'ai vu le nom de William Gibson, j'en étais bien heureux. J'avais lu *Neuromancer* lors de sa publication, et je suis un de ses grands fans. Je me suis dit que j'aimerais travailler sur ce projet.»

En réalité, le scénario fait l'objet d'une livraison anonyme, lancé d'une voiture dans le jardin de Keanu. À ce moment-là, l'acteur travaille à la production de *Speed* et n'est pas encore une vedette reconnue de films d'action. Le cadre de TrisStar, Chris Lee, a donc beaucoup de difficulté à convaincre le studio de lui donner le premier rôle de *Johnny Mnemonic*. De plus, il coûte plus cher que Kilmer, puisque son cachet est de 1 à 1,5 million de dollars par film avant la sortie de *Speed*. TriStar accepte finalement de payer la somme supplémentaire en échange des droits de distribution en vidéo du film.

Le choix de Keanu Reeves constitue le dernier élément qui permet à William Gibson de finaliser le personnage principal du film. Il le décrit ainsi: «Au début, il est un genre de robot parfait, superficiel et hautain. Puis, à mesure qu'il se bute à des obstacles de plus en plus insurmontables, sa façade se fissure et on découvre en dessous un être humain vulnérable. Keanu m'a beaucoup aidé à définir ce personnage, parce que les gens disaient toujours: «On ne peut pas comprendre ce qui motive ce gars-là.» Dès le départ, Keanu m'a demandé d'où Johnny venait et qui il était, mais je ne le savais pas. Ça a été le commencement de son interprétation du personnage. Il était crucial qu'il puisse développer ces gestes et ces tics robotisés merveilleusement subtils.»

Keanu est au courant du jeu de chaises musicales entre lui et Val Kilmer en ce qui concerne le casting du premier rôle du film. Certains aspects du scénario le préoccupent, et il en discute avec William Gibson et Robert Longo. «Le film, dans son incarnation finale, est si différent de son début, admet-il. Je joue le personnage-titre, qui peut enregistrer des données informatiques dans sa tête. Pour y arriver, on a dû effacer ma mémoire à long terme, qui contient surtout les souvenirs d'enfance. Ce qui ne dérange pas du tout mon personnage.» Mais l'acteur croit que ce manque d'intérêt du personnage pour ses antécédents est une erreur. Son opinion amène William Gibson et Robert Longo à modifier la dynamique de l'histoire de *Johnny Mnemonic*. «Ils ont décidé que mon personnage devrait se préoccuper [de cette perte de mémoire], dit Keanu, et que toute l'aventure du héros constitue une quête pour retrouver son enfance.»

L'intrigue de *Johnny Mnemonic* spécifie que Johnny (Keanu Reeves) transporte de précieuses informations dans son cerveau. Toutefois, celui-ci veut maintenant quitter ce métier trop dangereux. Il s'enfuit donc avec les informations et son garde du corps féminin (Dina Meyer). Différentes personnes, intéressées à obtenir les importantes données enregistrées dans sa tête, se mettent alors à sa poursuite. De plus, Johnny doit décharger l'information dans un certain laps de temps, sinon son cerveau

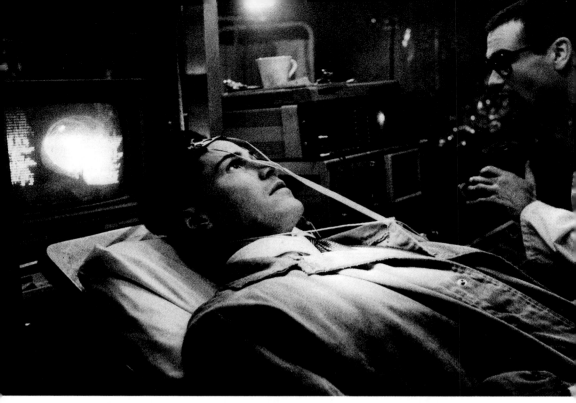

*Dans Johnny Mnemonic,* Keanu *interprète le héros, qui doit enregistrer dans son cerveau des données informatiques.*

subira une surcharge qui pourrait lui être fatale. Voyageant dans un avenir cauchemardesque de haute technologie, les deux fugitifs arrivent au «paradis», un refuge de basse technologie pour la sous-classe technologique de la société.

Ce rôle complexe constitue un défi de taille pour Keanu, après les exploits et les cascades simples de *Speed*. «Je faisais face à une colère inconsciente chez ce personnage, affirme l'acteur. J'ai travaillé avec Robert [Longo] sur cette agressivité du personnage. Il a un côté vraiment très dur, ce n'est pas le meilleur gars au monde. Son métier exige qu'il soit agressif pour contrôler ses adversaires et assurer sa sécurité. Quand il est chargé de toutes les données, il est désavantagé. Il n'a plus conscience de tout ce qui l'entoure et il exerce pourtant un métier dangereux.»

Après *Speed*, la production au budget plus modeste de *Johnny Mnemonic* représente une expérience différente pour Keanu. Il explique sa réaction: «J'appelle ça un film à gros et à petit budget. Le tournage était assez court, ce qui met beaucoup de pression sur le rythme de travail, mais j'aime ça. Il y a de bons et de mauvais côtés. Cela t'oblige à épurer et à être agressif d'une manière différente et, parfois, nécessite plus de compromis. Robert a des aspirations cinématiques originales qu'on n'a pas pu explorer parce qu'on n'avait ni le temps ni l'argent pour le faire.»

Avec un réalisateur novice (un peintre, en plus) gérant un budget de 30 millions de dollars, un scénario rédigé par un écrivain n'ayant pas de véritable expérience cinématographique et un remplacement à la dernière minute de la vedette, *Johnny Mnemonic* semble destiné à éprouver certains problèmes. Plusieurs pensent que ceux-ci proviennent de l'inexpérience de Robert Longo à diriger la centaine de personnes de son équipe. Selon certains membres de celle-ci, ce dernier est parfois dépassé par l'énormité du projet et n'a pas l'autorité nécessaire pour contrôler cette production complexe.

Le producteur canadien Don Carmody, une des personnes qui vient à la rescousse du film après le départ de Val Kilmer, donne son point de vue sur la situation. «C'est le premier film de Robert et il a beaucoup d'idées, mais il ne sait pas toujours comment les concrétiser. Il commence par les essayer sur moi. Si on manque de temps, je décide si on le fera ou non. Nous avons aussi des personnalités difficiles... et Keanu peut avoir des sautes d'humeur.»

Les observateurs, sur le plateau, de *Johnny Mnemonic* croient que

*Dina Meyer joue la garde du corps du Johnny Mnemonic de Keanu Reeves.*

Keanu semble un peu réservé et même carrément amorphe pendant qu'on tourne le film. «À cause de l'horaire et du rythme serré du tournage, confie-t-il, je devais vraiment conserver mon énergie. Je venais de terminer *Speed*, et c'était aussi très intense. Je gardais mon énergie pour les moments de travail. Ce n'est pas dans le genre de *Die Hard*, mais il fallait que je coure, saute et évite les projectiles. J'aime ce genre de travail très physique.»

Pendant douze semaines, les acteurs et l'équipe technique séjournent à Toronto et à Montréal pour tourner sur des plateaux qui simulent Beijing (Chine) et Newark (New Jersey) au vingt et unième siècle. Le directeur artistique Nilo Rodis ne dispose que de moyens limités pour créer une vision du futur rivalisant avec celle de *Blade Runner* (1982). Cette histoire de Philip K. Dick, réalisée par Ridley Scott, est d'ailleurs souvent comparée aux idées de William Gibson. Nilo Rodis doit donc se servir de son expérience en design industriel et en fabrication automobile pour inventer les décors futuristes de *Johnny Mnemonic*. Ses résultats impressionnent William Gibson, qui peut enfin voir se concrétiser tous ces lieux sortis de son imagination et décrits dans ses livres.

Malheureusement, les critiques sont très sévères pour *Johnny Mnemonic*. *People* écrit, en juin 1995, que le film est un «violent fouillis». Pour le *Village Voice*, Keanu est «fantastique, sauf quand il ouvre la bouche.» Enfin, le *New York Times* affirme que Keanu «joue comme un robot».

«Quand je serai mort, on se rappellera de moi dans mon rôle de Ted», s'exclame un jour Keanu Reeves, en décrivant une de ses craintes concernant sa carrière après *Speed*. Décidé de se débarrasser de son image d'écervelé qui lui apporte en premier la célébrité, l'acteur ne veut pas non plus devenir seulement un héros de films d'action. La variété donne de l'intérêt à son métier, croit-il, même s'il sait que son public n'aime pas toujours ça. Keanu est tout de même heureux du succès de ses films et de sa nouvelle célébrité, sans parler de ses cachets substantiels. Dans *Speed*, «j'ai fait du bon travail, admet-il, et on le voit à l'écran, mais je ne sens pas vraiment que c'est mon film. C'était bien de jouer dans un film qui a rapporté un tel succès, toutefois j'ignore à quel point j'en suis responsable.»

L'acteur continue de garder secrète sa vie privée et il déclare qu'il ne participe pas à la vie sociale des *insiders* de l'industrie hollywoodienne. Il avoue vivre simplement et être complètement immergé dans son travail. Quand il n'est pas en train de tourner un film, il prétend qu'il ne fait pas grand-chose. Il sort de temps en temps, dit-il, mais il reste aussi beaucoup chez lui. Ces affirmations très vagues de Keanu ne satisfont pas ses fans, qui cherchent à connaître leur idole en écoutant les commentaires de ceux qui le connaissent, comme Gus Van Sant. «Keanu lit beaucoup, confie celui-ci. Il est très intelligent, bien qu'il affiche, en quelque sorte, une façade de rocker punk.»

Il semble également ne pas dépenser tout l'argent qu'il gagne. Malgré son cachet de sept millions de dollars par film après *Speed*, il ne possède toujours pas de maison. Ainsi, plusieurs de ses possessions sont entreposées chez sa sœur Kim. Il s'explique: «Je suppose que je cherche l'endroit idéal où habiter. Ce n'est pas comme si j'avais une mentalité de bohémien ou que je n'avais pas de racines.» D'hôtel en hôtel et de film en film, l'acteur n'apporte avec lui qu'une seule valise contenant ce qu'il lui faut. Il a, de plus, ses deux motos et sa guitare.

On pourrait donc se demander à quoi il consacre son argent. «Ah, ce que j'en fais? dit-il à *Vanity Fair*. Il me permet de faire ce que je veux: de voyager et aussi de boire du vieux bordeaux. Je peux également me permettre mes deux Norton, ce qui équivaut au prix moyen de la scolarité d'une université aux États-Unis. Mais les voyages sont fantastiques.»

Malgré son argent et sa célébrité, Keanu Reeves veut projeter avant tout l'image d'un gars ordinaire. «Je suis normal, affirme-t-il. Toute autre perception est un mensonge et ne conduit qu'à... la folie. Je suis très heureux d'avoir l'occasion de travailler et je suis reconnaissant envers les personnes qui aiment ce que je fais, je leur dois beaucoup.» En 1991, il déclare au journal new-yorkais *Newsday*: «Je ne désire pas devenir très célèbre, ce serait affreux.» Affreux ou non, Keanu est bel et bien devenu une grande vedette et un sex-symbol après la sortie de *Speed*. «Je déteste ce terme de «sex-symbol», admet-il. Je ne pense pas que je sois un sex-symbol et je ne crois pas que je ressemble à ça non plus.»

L'actrice Dina Meyer, sa partenaire dans *Johnny Mnemonic*, a des idées bien arrêtées sur le statut de sex-symbol de Keanu et sur les secrets de sa personnalité. «Il croit qu'il est un pauvre type! dit-elle à *People*. Je ne pouvais pas le croire. Il pense vraiment qu'il est seulement un pauvre gars qui aime jouer dans des films. Quand on le regarde, on peut imaginer les rouages tourner dans sa tête, mais c'est impossible de savoir ce qu'il pense, s'il est heureux ou triste...» Ce mutisme sur sa vie privée et ses pensées est un art que Keanu Reeves cultive depuis des années. Cela commence quand il joue son personnage de Ted pendant les interviews pour déjouer les journalistes. Plus tard, il se contente de limiter ses commentaires au film dont il fait la promotion à ce moment-là. «Je pense, admet-il, que chacun a un moi intérieur à protéger. Je ne crois pas être différent des autres.»

*A Walk in the Clouds* est la première occasion pour Keanu d'être la vedette d'un film romantique.

Après ses deux films d'action *Speed* et *Johnny Mnemonic*, Keanu Reeves s'attaque ensuite à son premier rôle-titre romantique dans le film *A Walk in the Clouds* du cinéaste Alfonso Arau. Celui-ci est le réalisateur du succès surprise *Like Water for Chocolate* (*Une saveur de passion*), un film érotique empreint de réalisme magique.

*A Walk in the Clouds*, le nouveau projet d'Alfonso Arau, raconte l'histoire d'un soldat américain après sa démobilisation, à la fin de la Deuxième Guerre mondiale. Bien malgré lui, celui-ci se trouve impliqué dans un drame familial dans la Californie des années 40. Pour jouer ce rôle d'homme sensible, Arau choisit Keanu Reeves à qui il dit: «Je sais que tu peux jouer un personnage très romantique, si tu veux.» Le réalisateur croit que l'acteur possède la sensibilité nécessaire, mais qu'il doit d'abord se départir d'une partie de son innocence. «Il devait interpréter un homme adulte et non un adolescent, ajoute-t-il. On sent qu'il possède toutes ces émotions sous la surface, alors j'ai dû ouvrir la porte pour lui.»

Inspiré d'un film italien et réalisé par un cinéaste mexicain, *A Walk in the Clouds* met en scène Paul Sutton (Keanu Reeves), un homme avec sa part de malheurs. De retour de la guerre, il est maintenant vendeur itinérant de friandises. Pendant un de ses déplacements, il rencontre une femme en peine, Victoria (Aitana Sanchez-Gijon), qui retourne dans la vallée de Napa où sa famille est propriétaire d'un vignoble. Abandonnée par son fiancé, Victoria est enceinte et célibataire: un véritable scandale en 1945. Écorché vif lui-même, Paul propose à Victoria de se présenter comme son mari afin d'atténuer la réaction de sa famille, dominée par un grand-père autoritaire (Anthony Quinn). Mais bien sûr, ce plan généreux ne fonctionne pas tout à fait comme le prévoient les deux jeunes gens.

Pour Alfonso Arau, Keanu est l'acteur le mieux adapté pour ce personnage inspiré de Gary Cooper. «Keanu est semblable à un moine, déclare-t-il. Il est très sérieux dans son métier et possède une pureté d'âme que j'aime particulièrement pour ce personnage.» Le scénariste du film, Robert Mark Kamen, partage l'opinion du réalisateur: «Keanu est incroyable. Il est romantique, sensible, et nuancé. C'est Keanu comme on ne l'a encore jamais vu auparavant.»

Cette dernière affirmation, au moins, est bien vraie. *Speed*, qui marque les débuts de Keanu comme héros de films d'action, n'est pas sorti quand il accepte le rôle dans *A Walk in the Clouds* et *Johnny Mnemonic* n'est pas encore non plus un échec retentissant. Pour Keanu, l'interprétation du rôle principal d'un film d'amour est une nouveauté dans sa carrière. Sa seule autre expérience qui pourrait y ressembler un peu est son personnage de Martin Loader, qui tombe amoureux de sa tante dans *Tune in Tomorrow*. «J'ai rencontré M. Arau pendant le tournage de *Speed*, confie l'acteur. Je voulais jouer une histoire d'amour. J'ai été attiré par la passion de son personnage, qui est un homme d'honneur. Il y a là un beau lien entre l'humanité et la nature, avec le vin, la famille et la terre.»

S'attaquer à un personnage romantique représente un vrai défi pour l'acteur. «Le rôle a été une épreuve difficile pour Keanu, admet le réalisateur. Il était nerveux et peu sûr de lui. Quand je lui demandais de donner une réplique romantique différemment, je le sentais inquiet d'être critiqué. Je lui ai dit: "Fais-moi confiance, je veille sur toi..."» Quant à Keanu, il se rend bien compte du problème: «Certains jours, je me sens bien. Peut-être parce que je suis Vierge, j'ai tendance à être très dur envers moi-même.» En se servant de l'astrologie pour expliquer ses difficultés à soutenir une performance crédible tout au long du tournage, Keanu recourt une fois de plus à son image d'écervelé. Au lieu de discuter avec les journalistes de ses efforts pour être un meilleur acteur à chacune de ses tentatives, il sait qu'on attend de lui une explication Nouvel âge et il s'exécute.

Les enjeux de *A Walk in the Clouds* sont importants pour Alfonso Arau. Avec ce film, 20th Century Fox lui confie un budget de vingt millions de dollars sur la foi du succès remporté par *Like Water for Chocolate*. «Ce n'est pas ma carte de visite seulement pour Hollywood, prétend le réalisateur, mais aussi pour le monde entier.» Toutefois, malgré l'importance du projet, le cinéaste se laisse guider par les étoiles. Le tournage

*Keanu et Aitana Sanchez-Gijon font semblant d'être mariés afin d'éviter un scandale familial.*

doit commencer le 28 juin 1994, mais il le devance d'un jour parce que son astrologue suggère que cette date est plus favorable. On ne tourne qu'une seule scène le premier jour, mais c'est suffisant pour satisfaire l'horaire dicté par l'astrologie.

«Il existe une ambiance de songe sur le plateau de *A Walk in the Clouds*», déclare le scénariste Kamen. Cela n'est pas dû seulement, semble-t-il, à des effets créés par la caméra ou les éclairages, mais plutôt à l'état d'esprit des principaux créateurs du film. Un milieu idéal, en quelque sorte, pour Keanu.

Certains partagent également cet avis au sujet de l'aventure de Keanu Reeves dans le domaine du film d'amour. Ce changement de rythme après *Speed* est très bien accueilli par la plupart des spectateurs. Et *A Walk in the Clouds* répare un peu les dommages causés par sa mauvaise performance dans *Johnny Mnemonic*. Le film fait de bonnes recettes au box-office et reçoit en général des critiques positives. Le *San Francisco Chronicle* pense que Keanu Reeves prouve qu'il est «un acteur de cinéma mature et charismatique», et qu'il n'y a pas «que de la douceur dans son interprétation, mais aussi de la profondeur».

Toutefois, certains journalistes prennent encore Keanu pour cible, même si son public aime son image cinématographique. Par exemple, *People* dit: «Même si Keanu est attirant et assez mâle pour jouer un héros romantique, son honnêteté obstinée et sa voix monocorde lui nuisent. Ensemble, ces deux traits [lui] donnent un air de faux Hemingway et d'abruti.» Quant à *Time*, il est d'avis que «l'absence d'expression de Keanu Reeves est utilisée à bon escient.» Mais, pour une fois, les critiques britanniques se montrent plus positifs envers la performance de Keanu dans ce mélodrame classique. *Empire* note que «Keanu est tout à fait adorable», et le *Guardian* croit que l'acteur «déambule gracieusement à travers le film».

Après *A Walk in the Clouds*, Keanu tente une nouvelle expérience. Il est le présentateur d'un documentaire télévisé qui rappelle les horreurs de l'Holocauste perpétré par les nazis. Intitulé *Children, Remember the Holocaust*, il en présente les différentes parties, qui sont narrées par Kirsten Dunst (*Interview with the Vampire* [*Entretien avec un vampire*]) et Casey Siemaszko (*Breaking In*). L'émission, appelée *Through Their Eyes*, fait partie de la série de documentaires éducatifs CBS Schoolbreak, qui s'adresse aux préadolescents et aux adolescents. Cette série, élaborée par des spécialistes en pédagogie, en psychologie et en théologie explore les conflits que rencontrent les jeunes d'aujourd'hui.

Le film documentaire d'une heure décrit l'Holocauste selon le point de vue des jeunes directement touchés par les persécutions nazies de 1933 à 1945. Un million et demi d'enfants et d'adolescents juifs, polonais, gitans, etc. sont tués

*Keanu contribue au «caractère de rêve» sur le plateau de tournage de* A Walk in the Clouds.

*Les deux vedettes de* A Walk in the Clouds *de Alfonso Arau.*

par les nazis durant cette période. *Children, Remember the Holocaust* est basé sur une sélection de lettres, de journaux intimes, de souvenirs des disparus et des survivants réunis par l'écrivain D. Shone Kirkpatrick. Avec des films d'archives, des photos et de la musique d'époque, le documentaire recrée le passé pour les jeunes, attirés par la présence de Keanu Reeves comme présentateur.

Même s'il n'est pas juif, Keanu est fermement opposé aux injustices de toutes sortes et c'est pourquoi il est heureux de participer à ce projet. L'école Leah Posluns, où il apprend les rudiments de l'art dramatique, était rattachée à un centre communautaire juif et ouverte à tous. Son empathie pour l'expérience des juifs semble aussi provenir de sa propre enfance, parfois itinérante. C'est sa première expérience de ce genre de travail, mais Keanu est toujours prêt à relever de nouveaux défis, même s'il ne s'agit que d'une contribution mineure à sa carrière.

En avril 1996, *Children, Remember the Holocaust* est mis en nomination dans deux catégories pour les Daytime Emmy Awards, l'équivalent des Oscars pour la télévision. Lors de la cérémonie de remise des prix le 22 mai suivant, l'auteur de l'émission, D. Shone Kirkpatrick, se mérite le prix du meilleur texte d'une émission spéciale pour les jeunes.

Tout au long de sa carrière d'acteur, Keanu Reeves manifeste beaucoup d'intérêt pour l'œuvre de William Shakespeare. En particulier sur scène, avec son Mercutio dans *Romeo and Juliet* à Leah Posluns de Toronto en 1985 et avec son Trinculo dans *The Tempest* à la Shakespeare and Company de Mount Lennox (Massachussets). Et c'est Keanu lui-même qui sollicite un rôle de Kenneth Branagh dans *Much Ado About Nothing*.

Quand Keanu Reeves parle à ce dernier de sa passion pour le théâtre shakespearien, il encourage le jeune acteur à poursuivre son rêve. «Mon premier conseil était d'en jouer, se rappelle l'acteur et réalisateur britannique. Il se demandait si ça finirait par être ridicule. Il est venu me voir jouer Hamlet au Royal Shakespeare Company et nous avons parlé longtemps. Il était très gentil; il pensait que la production était merveilleuse. Ensuite, on a pris un verre ou deux ensemble. Et puis il a commencé à me dire ce qui n'allait pas avec le spectacle et, au bout de trois heures, je me suis rendu compte qu'il avait raison. Je lui ai affirmé: "Eh bien, tu devrais jouer Hamlet, Keanu, parce que, de toute évidence, tu sais comment le faire..." Je l'aime beaucoup. Il est intelligent, beaucoup plus qu'on croit généralement.»

L'occasion rêvée pour Keanu se présente sous forme d'une offre de Steven Schipper, le directeur artistique du Manitoba Theater Center. En 1980, celui-ci fait passer une audition au jeune Keanu, alors âgé de 16 ans, pour un rôle au Toronto Free Theater. Maintenant, Steven Schipper offre à Reeves un rôle principal dans son théâtre de Winnipeg, au cachet standard de 2 000 $ par semaine pour jouer ce qui lui plaît. Keanu rencontre le metteur en scène Lewis Baumander (avec qui il a déjà travaillé dans *Romeo and Juliet*) et ils décident ensemble de s'attaquer à *Hamlet*.

Il s'agit d'un geste audacieux de la part de Keanu, souvent échaudé par les critiques, surtout pour ses performances dans des films d'époque comme *Dangerous Liaisons* et *Bram Stoker's Dracula* et dans le long métrage shakespearien *Much Ado About Nothing*. Toutefois, l'acteur aborde ce défi très sérieusement et se retire de la production d'un film de Tom Clancy, intitulé *Without Remorse*, qui lui aurait rapporté six millions de dollars. Il abandonne aussi son rôle aux côtés d'Al Pacino et de Robert De Niro dans *Heat* (où il sera remplacé par Val Kilmer, un renversement de la situation de *Johnny Mnemonic*).

Keanu rencontre Lewis Baumander pour la première fois en février 1994 à Toronto, pendant le tournage de *Johnny Mnemonic*. Cette première discussion sur la pièce et la possibilité de la monter est suivie, en mai, d'un séjour d'une semaine à Winnipeg, entre autres pour se familiariser avec le théâtre. Après la fin de son travail dans *A Walk in the Clouds* en octobre 1994, l'acteur revient à Los Angeles. Il fait alors équipe avec Baumander et se jette corps et âme dans la préparation de son rôle de Hamlet pour le mois de janvier suivant.

L'acteur connaît très bien ses raisons pour relever un tel défi et, surtout, pourquoi il choisit de le faire au moment où il entre dans la trentaine. «Hamlet est le rôle absolu, affirme-t-il, le rôle dont rêvent tous les acteurs. Tout le monde me dit: "Mais tu ne peux pas jouer Hamlet avant d'avoir 50 ans!" C'est faux! J'aurais adoré joué Hamlet quand j'avais 18 ans. C'est un personnage de jeune homme pour un jeune acteur. Il renferme tout: l'amour, la rage, la confiance, le doute, la traîtrise, le désir, la spiritualité. Pour moi, aucune des versions filmées n'a montré tout ça.»

Les répétitions générales de la pièce se déroulent durant un mois à Winnipeg, en décembre 1994. C'est la première occasion pour les autres acteurs, qui seront les partenaires de Keanu, de rencontrer la vedette de cinéma. Le soulagement parmi les membres de la troupe est très évident, apparemment, lorsque ceux-ci se rendent compte que Keanu Reeves n'est pas en train de faire un «*ego trip*» de vedette. Au contraire, il est clair d'après son attitude qu'il prend son rôle de Hamlet très au sérieux. Stephen Russell, un vétéran du festival de Stratford, joue Claudius dans la pièce et admire la préparation de Keanu: «Ce qui m'a le plus impressionné le premier jour, c'est tout le travail qu'il avait déjà fait. Et je me suis aperçu que ses principes sont très ancrés.»

En misant sur les atouts physiques de sa vedette, le metteur en scène Baumander organise les scènes clés autour de lui. On ne tente pas, toutefois, de simplifier le langage, ce qui implique que Keanu doit mémoriser correctement son texte. Et, contrairement à une version cinématographique, il ne pourra pas se permettre une nouvelle prise s'il a un blanc de mémoire ou s'il massacre une de ses répliques sur scène. Et cela pour les 24 représentations qui auront lieu en janvier et en février 1995.

«J'aime la pièce, j'aime jouer Shakespeare, c'est le meilleur rôle du théâtre occidental», annonce Keanu Reeves en arrivant à Winnipeg. Mais il y est accueilli par une «chasse à Keanu», organisée par un journal local. Les médias internationaux suivent bientôt, avec un grand nombre de journalistes qui rapporteront tous les détails de la performance de la vedette hollywoodienne. Sagement, Erwin Stoff refuse toutes les offres de filmer Keanu sur scène et ne permet même pas à la Canadian Broadcasting Company (CBC) d'utiliser des extraits dans ses bulletins de nouvelles. De toute évidence, les conseillers de Keanu Reeves pensent que leur client aura du mal à s'en tirer honorablement et ils essaient de minimiser les dommages éventuels que cela causerait à la carrière de leur protégé.

Cependant, ils ont tort de tant s'inquiéter. Le soir de la première, le théâtre est rempli de représentants des médias internationaux, dont plusieurs sont convaincus que Keanu Reeves va se rendre ridicule. Cela ne se produit pas, mais Keanu est pétrifié ce soir-là. «C'est une des soirées les plus horribles de ma vie, admet-il. Je ne pouvais que survivre et non interpréter mon rôle. Mais ça s'est amélioré par la suite. Cela a été une expérience remarquable pour moi, moralement et physiquement. Je repartais chaque soir épuisé et anéanti.» Même si les performances de Keanu sont inégales, l'opinion générale s'accorde pour dire que son Hamlet n'est au moins pas une catastrophe.

L'un des principaux problèmes pour la vedette consiste à aborder son rôle, soir après soir, de façon consistante. N'ayant que peu d'expérience de la scène, Keanu est davantage habitué à jouer devant les caméras et à disposer de plusieurs prises pour trouver la meilleure interprétation. Au théâtre, dans *Hamlet*, il ne peut travailler de cette manière et doit refaire, à chaque représentation, la même chose devant un nouveau public.

Certains journalistes se montrent négatifs et qualifient, bien sûr, ce *Hamlet* «d'excellente aventure de Keanu». D'autres critiques, toutefois, sont étonnés du talent de Reeves et de la qualité de sa performance. Roger Lewis du *Sunday Times* est très impressionné: «Il interprète l'un des trois meilleurs Hamlet que j'ai vus pour la bonne raison qu'il *est* Hamlet... débordant de subtilités et de sous-entendus. Il représente l'innocence, la fureur splendide, la grâce animale, la violence émotive qui constituent le prince du Danemark.»

«C'est très aimable de sa part, dit Keanu de cette appréciation très positive. Ce qui est extraordinaire, c'est qu'il a assisté à plus d'une représentation... et pas seulement la première. J'ai rencontré beaucoup de personnes qui n'avaient jamais vu de pièces de théâtre et qui m'ont dit que c'était un des événements les plus spéciaux de leur vie... Je peux affirmer une chose de notre production... elle est logique et non pas abstraite, tortueuse ou sensationnaliste. Tous ont leur place dans la pièce et l'ensemble a un sens.»

L'impact de la participation de Keanu Reeves à cette production du Manitoba Theater Center est extraordinaire. Alors que ses fans du monde entier arrivent dans la ville, la pièce affiche complet à chaque spectacle, et toutes les chambres d'hôtel de Winnipeg sont occupées. Une admiratrice vient même d'Australie et assiste à huit représentations! Keanu Reeves n'ignore pas ses admirateurs, qui font la queue à l'entrée des artistes à la fin de chaque soirée, parfois par des températures de -20° C dans l'espoir d'entrevoir leur idole. Keanu leur permet plus qu'un simple coup d'œil et

*Keanu en compagnie de deux musiciens de son groupe Dogstar.*

passe souvent une heure ou deux à signer des autographes et à converser avec eux en disant qu'il se sentirait coupable s'il ne le faisait pas.

La sécurité de la vedette devient une préoccupation et ses conseillers s'inquiètent du fanatisme de certaines des personnes qui reviennent, tous les soirs, pour assister à la sortie de Keanu. Mais celui-ci apprécie quand même l'attention qu'on lui porte et déclare: «En autant qu'ils n'ont pas de couteaux, de fusils, de poison ou de vaudous... C'est flatteur et j'espère que les gens aiment ce que je fais. Je suis étonné que certains soient venus de si loin. Ça me pousse à donner un meilleur spectacle. C'était bien aussi pour les autres acteurs, on a eu les meilleurs publics. Les spectateurs nous ovationnaient debout, et tout le monde aimait la pièce.»

Trois admiratrices de Chicago racontent leur expérience dans un site spécial consacré à *Hamlet* qu'elles créent sur l'Internet en hommage à leur idole. «Le douanier canadien nous a simplement demandé: "Êtes-vous ici pour la pièce?" écrit l'une d'elles. J'ai dit oui, et il a écrit Hamlet sur mon visa d'entrée! Nous avons vu la dernière représentation, et le spectacle était meilleur que nous l'espérions! Nous avons été récompensées par des performances captivantes pour notre courage à braver des températures sous zéro... Nous sommes revenues avec des autographes, beaucoup de photos, des amis de partout dans le monde et une nouvelle appréciation des sous-vêtements d'hiver.» Il semble donc que, peu importe où Keanu

Reeves décide d'aller, ses fans, fidèles, le suivront toujours pour l'encourager dans ses entreprises.

Peu de temps auparavant, pendant la production de *Johnny Mnemonic*, Keanu Reeves commence à s'adonner sérieusement à un de ses passe-temps préférés, la musique rock. La présence, dans la distribution du film, de Ice T et de Henry Rollins, un ancien membre de Black Flag, permet à Keanu de côtoyer certaines de ses idoles de la musique. «Je connais Henry Rollins par ses albums de Black Flag, indique l'acteur. Il est tellement "cool", tu sais. Il a plusieurs bonnes scènes dans le film. On était en train de tourner dans un endroit de Toronto, un ancien opéra, et Henry a dit:

*En tournée: Keanu prend son hobby au sérieux.*

"Ouais, quand on a joué ici, on a démoli la place!" C'est une personne absolument remarquable.»

L'acteur pousse encore plus loin son intérêt pour le rock en décidant de former son propre groupe. Il a déjà joué le rôle d'une vedette rock dans le vidéoclip *Rush Rush* de Paula Abdul. Néanmoins, Keanu décide qu'il ne sera pas la vedette de son groupe rock. Il jouera discrètement de la basse et chantera très peu. Le groupe de Keanu Reeves ne participe pas à la trame sonore de *Johnny Mnemonic*. «Nous ne sommes pas assez qualifiés, se moque Keanu. On a laissé ça aux professionnels.»

Même si Keanu Reeves a tendance à minimiser ses ambitions musicales, ce qu'il qualifie généralement de loisir commence à prendre plus d'importance dans sa vie. Ainsi, l'acteur refusera des rôles très lucratifs dans certains films afin de pouvoir entreprendre une tournée mondiale avec son groupe (qui s'appellera éventuellement Dogstar). «Parce que je suis un acteur et que je joue de la musique, je préfère le terme "loisir", avoue Keanu. Je sais que les musiciens ont tous l'ambition de faire carrière, mais il veulent avant tout jouer leur musique. Parfois, mes amis viennent nous voir et parfois non. Quelquefois, je leur dis de ne pas venir. On s'amuse bien.»

Le groupe rock de Keanu commence ses activités en 1991, quand ce dernier rencontre Robert Mailhouse, un acteur du soap *Days of our Lives*. Robert Mailhouse joue aussi le rôle de l'ami gai d'Elaine dans *Seinfeld* et collabore à plusieurs productions d'Aaron Spelling, incluant *Models Inc*. Keanu, toujours un mordu du hockey, remarque que l'acteur porte un chandail des Redwings de Détroit. Avec leur passion commune du hockey, les deux deviennent amis et partagent leur intérêt pour la musique en jouant ensemble. Bientôt, leur groupe rock voit le jour quand Robert Mailhouse recrute un autre ami, Gregg Miller. Celui-ci est également un acteur qui joue, entre autres, dans *Who Shot Pat?* avec Sandra Bullock, la partenaire de Keanu Reeves dans *Speed*. Quant à Robert Mailhouse, il obtient même certains rôles grâce à son amitié avec Keanu. Ainsi, dans *Speed*, il interprète le rôle de l'un des cadres emprisonnés dans l'ascenseur.

Keanu confirme que l'histoire de la rencontre avec Robert Mailhouse, grâce au chandail de hockey, est bien vraie et non une invention pour promouvoir le groupe. Il explique: «Nous avons commencé à jouer ensemble. Il était à la batterie et aux claviers, et moi à la basse.» Après l'ajout de Gregg Miller, le groupe joue des chansons de Joy Division et de Grateful Dead. Sentant qu'ils font beaucoup de progrès, Keanu et ses partenaires décident alors de donner un concert. «Mais c'était une grande erreur», avoue Keanu. Sous le nom de BFS, le groupe joue au Roxbury, un bar à la mode de Los Angeles, le soir où Madonna y fête un anniversaire. Il semble que la chanteuse ne se donne même pas la peine d'écouter la musique du groupe. «Je crois qu'elle s'amusait à tourner la bouteille avec des effeuilleuses, indique Robert Mailhouse. On jouait à l'arrière de ce bar minuscule et elle avait cette fête où chacun était probablement en train de donner la fessée à quelqu'un.»

Le groupe continue de se perfectionner et ajoute un quatrième membre à sa formation. Celui-ci, Bret Domrose, est le musicien le plus sérieux du groupe. Peu après, ils décident de prendre le nom de Dogstar, l'autre nom de Sirius (l'étoile la plus brillante dans le ciel). Dogstar devient ensuite le groupe attitré de la boîte de nuit The Troubadour, de Los Angeles. Avec la présence de Keanu Reeves dans le groupe, il n'est jamais nécessaire de faire de publicité et les spectacles affichent toujours complet. Dogstar joue habituellement dans une salle remplie d'adolescentes et de femmes bruyantes accompagnées de quelques spectateurs mâles.

Bientôt, *People* parle du phénomène dans ses pages. La journaliste Lorraine Goods écrit que Keanu semble trop concentré sur sa basse pour jouer pour le public. Mais, selon elle, les spectateurs semblent être là, de toute façon, pour se donner eux-mêmes en spectacle. Un jeune homme de 24 ans remarque: «C'était meilleur que je ne m'y attendais. J'y suis allé parce que mon amie adore Keanu Reeves. Il y avait surtout des femmes...» À mesure que la célébrité de Dogstar augmente, The Troubadour devient rapidement trop petit pour contenir les foules hurlantes de fans. Pendant les spectacles, chacun des quatre membres du groupe chante à son tour, incluant au moins une chanson par Keanu. Leurs chansons originales ont des titres comme *Ride, Camp* et *Cardigan*. Keanu Reeves s'essaie même à la composition de chansons avec *Isabelle* (au sujet de la fille de trois ans d'un ami) et *Round C*, entre autres. «C'est le nom d'un fromage cheddar,

explique-t-il, mais c'est en fait sur l'amour.»

Malgré ses performances au théâtre dans *Hamlet*, l'expérience de donner des spectacles *live* est encore toute neuve pour Keanu, qui a l'habitude de jouer devant une équipe cinématographique plutôt qu'un vrai public. «Je suis un novice là-dedans, admet-il. Quand j'ai chanté *Isabelle*, c'était la première fois que ça ressemblait à ce qu'il y a de mieux dans le métier d'acteur. Quand tu peux sentir l'excitation, c'est une sensation très physique, ton cœur s'ouvre. C'est de l'émotion et du partage...»

En février 1995, Dogstar commence à s'aventurer plus loin pour rejoindre son public qui s'agrandit. Les musiciens jouent au Belly Up de San Diego, puis reviennent à Los Angeles dans une plus grande salle, l'American Legion Hall. Durant cette période, les membres du groupe refusent deux offres d'enregistrer un disque, parce qu'ils craignent que les producteurs essaient seulement de profiter de la popularité de Keanu Reeves.

Keanu et ses partenaires musicaux s'envolent en juin 1995 pour le Japon, où ils donneront six concerts. Keanu possède, dans ce pays, de nombreux fans très fidèles et y enregistre un commercial pour le whisky Santori. À son retour aux États-Unis, Dogstar doit annuler une tournée prévue de six semaines aux États-Unis, à cause d'un conflit d'horaires. Toutefois, le groupe reprend ses activités par la suite. Keanu Reeves dispose de deux mois pour Dogstar entre la fin du tournage de son prochain film, *Feeling Minnesota*, à la mi-juin, et le début du travail dans *Chain Reaction* en septembre. La tournée Dog Days of Summer de Dogstar visite 20 villes américaines cet été-là et se termine le 18 août au House of Blues, à Los Angeles. Une équipe de film suit le groupe et enregistre les activités derrière la scène et les tentatives des fans de s'infiltrer en coulisses pour rencontrer la vedette de cinéma et de rock. Le réalisateur de ce documentaire est Joe Charbonic, le maître des vidéoclips et l'ami de Keanu.

Le 19 septembre 1995, Dogstar joue en première partie du spectacle de Bon Jovi, au Forum de Los Angeles et de celui de David Bowie, au Palladium de Hollywood. Puis, le groupe fait une minitournée avec Bon Jovi, qui commence à Auckland (Nouvelle-Zélande) le 8 novembre, pour se terminer à Sydney (Australie) le 18 du même mois. Mais, le *Sydney Morning Herald* critique la performance de Keanu Reeves en la qualifiant «d'inconsistante» et reproche à l'acteur sa conduite timide et peu remarquable sur scène. Le groupe possède maintenant l'inévitable contrat d'enregistrement avec Zoo Entertainment et l'étiquette BMG. Bientôt, un fanclub de Dogstar s'organise, et on met en vente des produits dérivés.

Comme le succès du groupe Dogstar de Keanu Reeves prend de l'ampleur et qu'on commence à planifier une tournée pour l'été 1996, Hollywood intervient en offrant à l'acteur un cachet de dix millions de dollars pour reprendre son personnage de Jack Traven aux côtés de Sandra Bullock dans *Speed 2: Cruise Control* (*Ça va clencher!*). À la surprise de ses conseillers, Keanu refuse fermement en expliquant qu'il préfère plutôt poursuivre son travail dans Dogstar. Certains pensent que ce n'est pas la raison véritable. Depuis *Speed*, l'acteur prend beaucoup de poids (ainsi qu'on le verra dans *Chain Reaction*) et devrait travailler très fort en gymnase pour retrouver sa forme physique, afin de pouvoir jouer dans *Speed 2*. La presse à sensation rapporte même que Reeves n'est plus intéressé à être une supervedette et à interpréter un rôle qui cimenterait son statut de héros de films d'action.

L'attitude de Keanu Reeves pose un gros problème à 20th Century Fox. La plupart des suites de film présente le retour des mêmes personnages joués par les mêmes acteurs. Dans le cas des films où des changements interviennent, les personnages sont bien connus du public par d'autres sources: par exemple, Batman par les bandes dessinées et la télévision ou James Bond par les livres. La situation est différente pour *Speed*, comme le confie un cadre de Fox au *Los Angeles Times*: «Les personnages de *Speed* ont été créés par ces deux acteurs, alors le public s'attend à les revoir.» Devant le refus de Keanu, toutefois, le studio décide de le remplacer par un autre acteur: peut-être Mathew McConaughey (*A Time to Kill*), Jason Patric (*Sleepers* [*La correction*]) ou Billy Zane. C'est Jason Patric qui décrochera finalement le rôle du héros dans *Speed 2*.

Plusieurs pensent que Keanu fait une grave erreur en refusant de jouer dans *Speed 2* et en décidant de se concentrer plutôt sur la musique avec Dogstar. Mais les vues conventionnelles de Hollywood semblent n'avoir aucune prise sur l'acteur depuis qu'il est entré dans la trentaine.

C'est durant l'année 1996 que Dogstar obtient ses plus grands succès, au moment où Keanu serait en train de tourner *Speed 2* s'il avait accepté de reprendre son rôle de Jack Traven. Pendant l'été, le groupe de musiciens fait ses débuts en Europe, jouant entre autres dans un festival de musique à Glasgow, en Écosse, à la mi-juillet et à Londres, peu après. Dans une critique d'un de leurs spectacles, le *Guardian* écrit: «Quand Keanu monte sur scène finalement, les cris sont une symphonie des âges de la femme... Et il y a trop de démocratie dans Dogstar... [avec] Keanu qui bûche sur sa basse dans une demi-pénombre. Quand il hausse les épaules (une fois), envoie des baisers (deux fois) et fait son sourire bizarre (trois fois), on se rend compte quel incroyable dieu du rock Keanu pourrait être.»

*Un gourou grunge: Keanu est une mégastar million-
naire, mais il aime s'habiller simplement en tournée.*

Le magazine de mode britannique *Elle* suit les déplacements de
Keanu pendant sa tournée en
Grande-Bretagne. Il publie le commentaire du gérant de l'hôtel de
Glasgow où séjournent les musiciens de Dogstar, qui affirme que
Keanu «est juste un gars normal, un
homme aimable et poli. Je ne sais
pas pourquoi il agit comme un écervelé dans ses interviews.» Il n'y a pas
que les médias qui talonnent Reeves
en Europe, car des hordes de fans se
manifestent aussi partout où il
passe. À Glasgow, par exemple, ils
barbouillent l'autobus de la tournée
avec des messages écrits au rouge à
lèvres: «Fais *Speed 2* ou alors...»,
«Nous t'aimons Keanu», etc. Quand
l'équipe de Dogstar arrive à
Londres, les fans sont installés en
force devant l'hôtel Blake pour apercevoir leur idole.

Lors de sa tournée européenne,
Keanu Reeves semble décidé à minimiser son statut de supervedette et
continue de jouer son personnage
de «gars ordinaire». Il refuse également de se prêter à toute entrevue
d'importance et ne veut certainement pas discuter de Hollywood, de
cinéma ou de sa participation à
*Speed 2*. Dan Thomsen, l'attaché de
presse pour la tournée de Dogstar,
insiste sur le fait que Keanu veut
garder séparées ses images de vedette de cinéma et de musicien rock.
«Les gens, affirme-t-il, tentent de
comparer la vedette de cinéma
Keanu Reeves avec le groupe

Dogstar. Rien ne peut dépasser une vedette de cinéma. Nous n'avons pas apprécié les promoteurs qui ont utilisé la photo de Keanu Reeves sur leurs affiches.»

Keanu prend donc son intérêt pour la musique rock beaucoup plus au sérieux que d'autres vedettes du cinéma. Par exemple, Johnny Depp se contente de jouer de la musique dans sa boîte de nuit, The Viper Room, alors que Brad Pitt en fait seulement chez lui. Mais le meilleur conseil qu'on pourrait donner à Keanu, c'est de ne pas laisser tomber son travail régulier au cinéma.

La carrière de Keanu Reeves en est maintenant à un point de non-retour. Il figure sur la liste «A» des acteurs de Hollywood, mais cette catégorisation le met mal à l'aise. «Après tout, dit-il, qu'est-ce qu'une vedette? C'est un mot qui décrit des personnes ayant obtenu un grand succès dans le domaine du spectacle. Je ne désire pas être si populaire qu'on me reconnaisse partout où je vais. Si je peux y parvenir tout en continuant à jouer dans des films qui ont du succès, alors je le ferai. Mais j'aimerais aussi travailler dans des films radicaux, expérimentaux et indépendants.»

La priorité pour Keanu, à ce moment-là, est de se distancer de son étiquette de héros de films d'action. Il choisit donc de jouer dans deux films indépendants à petit budget, *Feeling Minnesota* et *The Last Time I Committed Suicide*. Mais il fait en sorte, toutefois, de ne pas gaspiller complètement son image de vedette. C'est pourquoi il accepte également le rôle principal dans le thriller d'action d'Andrew Davis, intitulé *Chain Reaction*.

Le besoin, pour Keanu Reeves, de changements constants dans sa vie personnelle et professionnelle constitue un élément important de sa personnalité. Sa nature troublée et la grande variété dans ses films l'empêchent de se faire étiqueter comme acteur et comme personne. «J'ai choisi de ne pas choisir, clame-t-il. Je suis encore en train d'explorer, mais j'essaie aussi de comprendre ce que je peux et ne peux pas faire. Je ne suis pas aussi mature que certains autres acteurs à mon âge. Je ne suis pas un producteur ou un réalisateur. Je concentre toute mon énergie sur mon métier d'acteur. Je suis limité et je tente toujours de trouver une façon de m'immiscer dans mes personnages. Mais, une fois que je suis à l'intérieur de chacun d'entre eux, les limitations semblent disparaître.»

## CHAPITRE 9
# Réaction en chaîne

**B**atifoler dans la piscine d'un hôtel avec la vedette de *Basic Instinct*, Sharon Stone, n'est sûrement pas ce que la presse à scandale attend de l'homme soi-disant marié à David Geffen. Mais c'est l'histoire que rapporte le *Daily Mirror*, en 1994, au sujet de Keanu Reeves. Croyant qu'il a enfin quelque chose à se mettre sous la dent, le journal exagère la relation entre les deux vedettes en la décrivant en termes fumants: «Leurs ébats amoureux passionnés ont presque transformé la piscine en sauna!»

Plus tard, la même année, les médias accusent Keanu de se dévergonder à Soho lors d'une visite à Londres. Mais même si l'acteur passe 48 heures à boire et à jouer de la guitare, cela ne justifie pas un titre comme «Aventures dépravées du démon de Hollywood», utilisé par le *Daily Star*. Les journalistes de la presse à sensation sont si désespérés de trouver des détails juteux dans la vie privée quasi inexistante de Keanu que sa sortie relativement innocente à Soho prend, dans leurs articles, des allures de scandale.

À la fin de 1994, la confusion qui entoure la sexualité de la vedette de Hollywood continue de jouer sur les deux plans, ce qui assure la satisfaction de tous ses publics. C'est l'ambiguïté et le manque de confirmation qui permettent à Keanu de triompher à la fois à titre de héros d'action dans *Speed* ou comme prostitué bisexuel dans *My Own Private Idaho* et de jouer le rôle-titre de *Little Buddha*. Le mystère entourant Keanu augmente sa valeur au box-office.

Un peu plus d'un an après l'affaire Geffen, le nom de Keanu Reeves est accolé à celui d'Amanda De Cadenet. Le magazine britannique *Here* décrit l'association de la vedette de cinéma et de la jeune femme âgée de 23 ans comme «le couple le plus étrange de Hollywood». Plusieurs photos accompagnent l'article et montrent les deux amoureux en train de s'embrasser, elle avec une bague au doigt, pendant qu'ils achètent une Porsche à Los Angeles. Amanda De Cadenet, une ancienne «enfant terrible» avide

*Fiancés ou non? Keanu en compagnie d'Amanda De Cadenet, l'objet de nombreuses rumeurs.*

de publicité, est en effet une drôle de compagne pour Keanu Reeves, un être timide et réservé à l'extrême. «Il est beau et sexy, dit celle-ci, mais il est plus que cela. Il est aussi encourageant et compréhensif.» D'après la rumeur, le couple partagerait, à ce moment-là, une résidence à Hollywood Hills. Selon un ami d'Amanda, toutefois, l'histoire entre celle-ci et Keanu ne durera pas.

Keanu paraît aussi de façon proéminente dans un article du magazine *Buzz* sur les «Himbos», l'équivalent mâle des «Bimbos», c'est-à-dire des hommes beaux mais stupides. L'auteur Deborah Michel y écrit que «le manque total d'expression de Keanu ne nuit pas à son charme. Au contraire, c'est son principal attrait...».

À la surprise générale, le prochain film dans lequel Keanu Reeves s'engage à travailler est une curieuse histoire d'amour à petit budget appelée *Feeling Minnesota*. Le scénario est l'œuvre d'un inconnu de 34 ans, Steven Baigelman, qui élabore son projet au Sundance Institute de Robert Redford. L'entente conclue avec l'acteur (avant la sortie de *Speed*, qui fera passer ses cachets de 1,5 à 7 millions de dollars) prévoit qu'il sera payé 200 000 $ pour jouer dans ce long métrage au budget de dix millions de dollars. En acceptant une énorme réduction de salaire pour un rôle qu'on ne lui proposerait normalement même pas, Keanu démontre son désir de faire passer ses ambitions artistiques avant l'argent qu'il pourrait gagner.

Le scénariste et réalisateur Steven Baigelman décrit ainsi sa rencontre avec Keanu Reeves: «Je ne sais pas ce qui a fonctionné entre nous, mais on s'est bien entendu. Deux jours après, il a accepté le rôle. Et quelques jours plus tard, *Speed* est sorti et a grimpé au ciel. Il ne s'était engagé que verbalement et n'avait pas encore signé de contrat... Je suis tout surpris qu'il ait accepté un cachet si modeste. Il l'a fait pour de l'argent de poche. Keanu a dit qu'il était venu pour une audition, mais selon mon opinion ce n'en était pas une, nous avons tout simplement fait connaissance. En tout cas, ça explique pourquoi il s'est impliqué, parce qu'il ne pense pas comme une vedette de cinéma. Il est un acteur et il recherche ce qui peut le stimuler.»

*Feeling Minnesota* est l'histoire de deux frères séparés depuis longtemps: Sam (Vincent D'Onofrio) et Jjaks (Keanu Reeves). Le prénom de ce dernier est le résultat d'une erreur typographique sur son certificat de naissance.

*Keanu Reeves et Cameron Diaz, les vedettes du film indépendant à petit budget,* Feeling Minnesota.

*Keanu ne peut échapper aux mauvaises critiques qui saluent la sortie de* Feeling Minnesota.

Dans le film, Jjaks sort de prison juste à temps pour assister au mariage de Sam avec Freddie (Cameron Diaz). En se rencontrant, la mariée et le frère du marié sont très attirés l'un par l'autre. Et pendant la fête du mariage, Jjaks et Freddie font l'amour dans la salle de bain de la maison de Sam! Plus tard, quand Jjaks découvre qu'un gangster de Seattle a puni Freddie en la forçant à épouser Sam qu'elle n'aime pas, les deux amants décident de s'enfuir en emportant avec eux une grosse somme d'argent que Sam a volée au gangster. S'ensuivent des péripéties violentes, sanglantes et même incroyables ou loufoques dans un chassé-croisé bizarre des différents personnages. Toutefois, le film offre éventuellement un dénouement heureux à Las Vegas pour le couple de Jjaks et Freddie.

Keanu s'inquiète d'abord de la nature pessimiste du scénario. Mais après que Steven Baigelman le convainc de relire l'histoire, il découvre que son rôle lui permet de revenir au genre de personnages qu'il joue dans *River's Edge* et *My Own Private Idaho*. «Quand je l'ai lu la première fois, dit l'acteur, je ne l'ai pas aimé du tout. J'ai trouvé ça très dur.» *Feeling Minnesota* est certainement aux antipodes de *Speed*, mais il décide que c'est un rôle qui lui convient. Les autres partenaires de Keanu dans ce film sont Dan Ackroyd, Tuesday Weld et Courtney Love. Le tournage commence en avril 1995 et se termine au mois de juin suivant à Las Vegas.

Keanu Reeves et Cameron Diaz s'entendent tout de suite très bien pendant le tournage. Heureusement, car ils doivent tourner dès le début une scène de sexe devant une trentaine de personnes qui les observent. À son premier jour sur le plateau de *Feeling Minnesota*, Cameron Diaz doit jouer la scène dans laquelle elle fait l'amour avec Keanu sur le sol de la salle de bain. Elle s'explique: «C'était un peu comme de dire: «Allô, je m'appelle Cameron, faisons l'amour...» Néanmoins, Keanu et moi, ça a fonctionné. C'est un drôle de gars, mais très cool. Il est très introverti... C'est un type très doux avec un cœur en or.»

Steven Baigelman doit donc diriger Keanu dans cette scène fumante, sa première vraie scène de sexe à l'écran. «C'est plus difficile pour les acteurs que pour moi, indique le réalisateur. Ce sont deux personnages très attirés l'un par l'autre et qui s'aiment pour eux-mêmes. Ils connaissent bien leur rôle et leurs répliques, et j'ai tourné les scènes de sexe très simplement... Keanu et Cameron avaient l'air de bien s'amuser.»

Les acteurs et les membres de l'équipe technique ne sont pas les seuls autour des lieux de tournage de *Feeling Minnesota*. Le fan-club de Keanu Reeves est présent à Minneapolis, avec une centaine d'adolescentes qui rôdent dans l'espoir d'apercevoir leur idole. Parfois, Keanu doit signer des autographes pendant une heure, ce qu'il est heureux de faire comme lors des représentations de *Hamlet* à Winnipeg. Sur le plateau, il est calme et poli avec tout le monde. Un assistant de production déclare même à *Premiere*: «Il reste plutôt à l'écart et c'est assez remarquable, comme s'il n'a pas besoin d'être le centre d'attention.»

À sa sortie en Amérique du Nord en septembre 1996, *Feeling Minnesota* est très mal accueilli par les critiques. *Entertainment Weekly* se dit déçu du film et ne lui donne qu'une cote de «D», assortie de ce commentaire: «Keanu Reeves et Vincent D'Onofrio, deux frères enfermés dans des destins conflictuels, grognent, se lancent des regards noirs et surtout se tapent dessus, ce qui fait que nous émergeons de presque toutes les scènes bombardés par leur furie digne de Caïn et Abel.» Le *San Francisco Chronicle* pense aussi que la performance de Keanu laisse à désirer: «Keanu Reeves ne sait pas du tout exprimer l'ironie ou la profondeur. Avec une coupe de cheveux en brosse, un Uzi à la main et un visage vide d'expression, il se débrouille très bien, comme il le prouve dans son meilleur film, *Speed*. Autrement, il est guindé et mauvais.»

Après avoir refusé de jouer dans *Speed 2*, Keanu Reeves se laisse tenter de nouveau par un rôle de héros d'action. Il accepte le rôle principal dans *Chain Reaction*, qui sera réalisé par Andrew Davis, l'homme responsable de la version cinématographique de la populaire série de télévision *The Fugitive* (*Le fugitif*). Reporté de septembre 1995 à janvier 1996 pour convenir à l'horaire de Keanu, le tournage de *Chain Reaction* sera effectué en partie à un endroit pour le moins inhabituel: le Continuous Wave Deuterium Demonstrator (CWDD) d'Argonne (Wisconsin). Ce centre de recherche est construit, plusieurs années auparavant, par l'armée américaine pour les tests au sol de la «Guerre des étoiles». Mais le centre ne sera jamais utilisé à cette fin, puisque le programme de l'initiative de défense stratégique est ensuite annulé par le congrès des États-Unis.

Après la signature par Keanu de son contrat pour *Chain Reaction*, la population d'Argonne se met à frétiller d'anticipation. Et quand l'acteur se présente pour visiter les installations du centre, le bouche à oreille fonctionne à plein rendement sur les lieux. Les employés sont tous dans les corridors pour essayer d'apercevoir Keanu Reeves et les journalistes de la presse locale commencent à téléphoner au CWDD pour demander s'il est vrai que l'acteur est en train d'y effectuer une visite. Par contre, lorsque Morgan Freeman (l'autre vedette de *Chain Reaction*) arrive sur place, il passe tout son temps à discuter d'aspects scientifiques avec les responsables du centre.

Dans le film, Keanu joue Eddie Kasalivich, un technicien qui aide le professeur Alistair Barkley (Nicholas Rudall), un physicien de l'Université de Chicago, à développer une méthode pour créer de l'énergie à partir de l'eau. Ayant mis au point cette nouvelle technologie, l'idéaliste, interprété par Keanu, est prêt pour l'annonce officielle de la découverte, mais des événements terribles se produisent alors. Son patron et certains collègues sont tués, le laboratoire est détruit par une explosion et le jeune Kasalivich sera accusé de ces crimes. Il s'enfuit avec une de ses collaboratrices, une jeune étudiante britannique, Lily Sinclair (Rachel Wiesz). Quand celle-ci est kidnappée par les criminels responsables de la destruction du laboratoire, Keanu (jouant Eddie Kasalivich) les retrouve dans un centre de recherche souterrain en Virginie, l'endroit du dénouement dramatique de l'histoire.

Avec des cheveux longs, une barbe non rasée et un physique moins svelte que dans *Speed*, Keanu décrit son personnage Eddie comme «un genre de machiniste intuitif. Il ne possède pas de diplôme de sciences physiques ou d'autres qualifications universitaires. Il a grandi près de l'aciérie où son père travaillait. Celui-ci était un gars qui savait tout réparer, tout maintenir, et son fils a appris en le regardant. Son apprentis-

*Rachel Weisz, Keanu Reeves et Morgan Freeman s'attaquent à* Chain Reaction.

sage est plus pratique que théorique.» Pour se préparer à ce rôle, Keanu «passe quelque temps avec des physiciens», rencontre un agent de la CIA et «lit sur Buckminster Fuller», dont le livre, *Critical Path*, sert d'inspiration pour *Chain Reaction*.

Ayant en tête les effets positifs sur la carrière de Sandra Bullock générés par sa collaboration avec Keanu Reeves dans *Speed*, l'actrice Rachel Wiesz est ravie de faire équipe avec lui dans *Chain Reaction*. «Il ne s'agit pas, avant tout, d'une histoire d'amour, dit-elle. Notre relation se produit par pur hasard; nos personnages ne se connaissent pas du tout au début... Je joue Lily, qui ne vit aux États-Unis que depuis six mois. Elle est très britannique et il est très Chicago.»

Pour le tournage en extérieur de *Chain Reaction* à Chicago pendant l'hiver 1996, Keanu Reeves et Rachel Wiesz travaillent dans des conditions difficiles par des températures extrêmement froides. «C'est le film le plus dur que j'aie jamais tourné, affirme Keanu. Le temps était glacial, mais on était très bien entourés. Ce n'est pas facile d'exprimer des émotions par un tel froid.» Des températures arctiques obligent même l'interruption du tournage par le service des pompiers de Chicago, préoccupé de la sécurité et de la santé de l'équipe cinématographique. Malgré les radiateurs emmenés sur chaque lieu de tournage et les chauds vêtements d'hiver, il fait souvent trop froid pour pouvoir filmer.

*Dans Chain Reaction, Keanu et sa partenaire essaient désespérément d'échapper à leurs poursuivants.*

Comme lors du tournage de *Feeling Minnesota*, les membres du fan-club de Keanu Reeves se présentent en grand nombre pour voir leur idole. Une scène tournée dans le Mandel Hall du campus de l'université nécessite environ 1 000 figurants pour remplir la salle et plusieurs d'entre eux sont venus spécialement pour rencontrer la vedette. Plusieurs étudiants se vanteront ensuite, dans le journal local, de détenir un autographe de Keanu. De nombreux fans affichent des textes sur l'Internet relatant leur expérience de figurants dans *Chain Reaction*, un peu comme ceux qui parlent de la performance de Keanu dans *Hamlet*, l'année précédente. Ces commentaires sont en général intéressants. Certains fans décrivent la vedette comme «étant assez costaud. Il a un double menton»; un autre écrit: «Je suis revenu très impressionné par les talents d'acteur de Keanu»; et, finalement, «il avait l'air frustré et un peu distrait».

Dans *Chain Reaction*, la séquence d'action la plus remarquable (l'équivalent de l'accident de train spectaculaire dans *The Fugitive*) est la course folle en moto d'Eddie (Keanu) pour s'éloigner du laboratoire en train d'exploser. Cette scène commence quand Eddie revient au laboratoire après une fête pour y découvrir le cadavre de son patron et le laboratoire sur le point d'exploser. Filant à toute vitesse sur sa moto, le jeune assistant échappe de justesse à la catastrophe. Cette séquence replace Keanu dans son mode d'homme d'action et lui permet aussi de s'adonner à sa passion pour les motos. Comme on fera cadeau à l'acteur de la moto qu'il utilise dans le film, c'est lui qui la choisit: une Kawasaki 1976 KZ1000 peinte noir mat. Au paroxysme de la séquence, juste quand l'onde de choc semble sur le point d'envelopper Eddie, sa moto dérape et tombe dans une carrière de sable. Presque en même temps, l'explosion fait voler un camion-citerne au-dessus de sa tête. Le jeune homme se relève ensuite pour observer les ruines brûlantes causées par le cataclysme: une vaste zone dévastée couvrant huit pâtés de maisons d'une zone industrielle.

*Chain Reaction* sort finalement dans les cinémas en septembre 1996. Les critiques le saluent comme un film d'action imaginatif au rythme rapide. *Entertainment Weekly* aime bien ce thriller filmé de main de maître et pense que Keanu Reeves est devenu une vedette d'action sympathique et débordante de confiance. Selon le magazine, toutefois, il lui faudrait un scénario qui fait davantage que l'accoler simplement à une jolie physicienne (Rachel Wiesz) et générer une série répétitive d'évasions. Mais *Chain Reaction* restera dans la mémoire du public, justement pour ses séquences d'action, ses explosions, ses cascades sur les ponts et ses poursuites en bateau sur la glace, plutôt que pour la performance de Keanu.

Keanu Reeves a établi une stratégie pour son travail au cinéma qui semble pouvoir lui apporter le succès durant le reste de la trentaine. La

*Keanu interprète un petit rôle dans* The Last Time I Committed Suicide.

combinaison de personnages d'action dans des films comme *Speed* ou *Chain Reaction* avec des rôles plus complexes dans des films indépendants à petit budget comme *Feeling Minnesota* permettra à Keanu de maintenir son statut de vedette hollywoodienne, tout en expérimentant et en développant ses talents d'acteur. C'est avec cet objectif en tête qu'il accepte un petit rôle dans un film modeste peu après la fin du tournage de *Chain Reaction*.

*The Last Time I Committed Suicide* est un long métrage à très petit budget dont l'histoire se passe dans les années 40. Ce film de deux millions de dollars met en vedette Thomas Jane, dans le rôle du jeune beatnick Neal Cassady, et raconte comment Jack Kerouac a écrit son célèbre roman, *On the Road*. La vedette de *Back to the Future*, Christopher Lloyd, incarne le rôle de Jerry. Le scénariste et réalisateur novice Stephen Kay écrit le scénario en consultation avec la veuve de Neal Cassady, dont la correspondance l'incite à entreprendre ce projet. Keanu, qui joue Harry, le meilleur ami de Neal, prend de gros risques avec ce rôle puisqu'au moment du tournage le film n'a pas encore de distributeur et n'est donc pas assuré d'être diffusé commercialement. Mais ce modeste engagement dans une production potentiellement obscure convient à sa nouvelle attitude concernant sa carrière.

D'autres rôles sont proposés à Keanu, mais même quand il accepte de les interpréter, rien ne garantit qu'ils deviendront réalité. Warner Brothers lui offre neuf millions de dollars (deux de plus que ce qu'il obtient pour *Chain Reaction*) pour être la vedette d'une épopée de science-fiction à gros budget intitulée *Soldier*. Keanu y incarnerait un guerrier itinérant qui est obligé de devenir un héros et de défendre une bande de colons sur une planète éloignée. Avec la participation d'une bonne équipe de création, il semble que *Soldier* se fera éventuellement, avec ou sans Keanu. Le scénario est l'œuvre de David Webb Peoples, scénariste de *Blade Runner*, *Unforgiven* (*Impardonnable*) et *12 Monkeys* (*12 Singes*), et serait réalisé par Paul Anderson (*Mortal Kombat*).

La simple possibilité d'obtenir les services de Keanu Reeves pour un film amène les studios à acheter des projets pour que la vedette puisse en incarner le rôle principal. Ainsi, 20th Century Fox obtient les droits de *Men of Honor*, un synopsis de 12 pages d'Howard Blum, parce qu'il pense qu'il contient un bon rôle pour Keanu. *Men of Honor* parle d'un journaliste dont la vie est menacée quand il s'occupe d'un homme faisant partie du programme fédéral de protection des témoins et qui devient une cible pour la mafia.

Un autre projet plus aléatoire intéresse également Keanu. Il s'agit d'un film écrit et réalisé par Rupert Wyatt. Ce scénariste et réalisateur de

*À la solde du diable: Keanu travaille aux côtés d'Al Pacino dans le thriller fantastique* Devil's Advocate.

courts métrages âgé de 33 ans est d'origine britannique et vit en France. Intitulé *Voyeur: A Divine Comedy*, le scénario s'inspire de l'œuvre de Dante et est assuré d'une distribution prestigieuse. Le réalisateur persuade Keanu Reeves de considérer le personnage de «Gourmandise». L'histoire parle d'un romancier qui s'introduit dans les milieux louches de Paris, afin d'y faire de la recherche pour son nouveau livre. Il y est confronté par des personnages représentant les sept péchés capitaux. En plus de Keanu, Rupert Wyatt obtient la participation de Geraldine Chaplin pour interpréter «Orgueil» et de F. Murray Abraham pour Lucifer. Le tournage, d'une durée de huit semaines en France, est prévu pour octobre 1996, avec un budget de 23 millions de francs (un peu moins de six millions de dollars). Malheureusement, l'entente sur la participation de Keanu échoue et, en raison de problèmes de financement, il semble improbable que le projet se réalisera.

Un autre film auquel Keanu s'associe à la fin de 1996 est *Devil's Advocate*, un thriller de Warner Brothers. Ce film raconte l'histoire d'un jeune avocat qui, après son engagement par un prestigieux cabinet juridique, s'aperçoit qu'il travaille en fait pour le diable. Avant que Keanu Reeves n'accepte ce rôle, toutefois, il semble que les producteurs l'offrent d'abord à presque tous les jeunes acteurs en vue de Hollywood: Christian

Slater, Johnny Depp, Brad Pitt, etc. Cette fois-ci, la production démarre tel que prévu, et le tournage commence en octobre 1996 à New York. Derrière les caméras se trouve le réalisateur Taylor Hackford. Les partenaires de Keanu sont Al Pacino, qui incarne le diable, et Charlize Theron (*Two Days in the Valley* [*Deux jours dans la vallée*]) qui joue la femme de ce dernier. Tout comme pour *Feeling Minnesota*, Erwin Stoff (l'imprésario de Keanu) fait partie de l'équipe à titre de directeur de la production.

*Devil's Advocate* est une production en développement depuis huit ans. Rob Guralnick (vice-président de Warner) prend d'abord une option sur le roman d'Andrew Neiderman, puis le projet est mis en préproduction une première fois avec Joel Schumacher, le réalisateur de *Batman Forever* (*Batman à jamais*) et de *A Time to Kill* (*Non coupable*). Mais cette fois-ci, avec Taylor Hackford à la barre, le film démarre vraiment. Et puisque Erwin Stoff surveille de près les intérêts de son client, *Devil's Advocate* semble destiné à devenir un meilleur véhicule pour la carrière de Keanu Reeves que *Chain Reaction*.

Au début du mois d'octobre, Keanu passe quelque temps dans un palais de justice de Floride afin de se documenter pour son rôle dans *Devil's Advocate*. Au cours de ses visites au tribunal, il porte un complet sobre et une cravate. Quand le tournage débute à New York, on commence à rapporter dans les médias, la présence de Keanu un peu partout en ville: lors de dîners au restaurant avec des amis ou d'une représentation théâtrale de *A Delicate Balance* à Broadway, par exemple.

Cependant, tout ne va pas pour le mieux sur les lieux du tournage de *Devil's Advocate*. Le film prend du retard à cause (selon certaines sources) des frictions entre ses deux vedettes, Keanu Reeves et Al Pacino. Celui-ci, qui n'a que des éloges pour son partenaire Johnny Depp de *Donnie Brasco*, n'est pas du tout impressionné par les talents d'acteur de Keanu. De plus, ces derniers se seraient disputés avec le réalisateur Hackford au sujet de la direction dans laquelle s'engage le film. Toutefois, dans une déclaration au *Los Angeles Times*, le porte-parole de Warner, Rob Friedman, affirme que tout se passe bien sur le plateau et que le retard est minime. Et Pacino aurait ajouté: «J'aime être en compagnie de Keanu tous les jours. C'est un plaisir de travailler avec lui...»

Avant même de terminer le tournage de *Devil's Advocate*, Keanu obtient son premier rôle pour 1997, un personnage d'homosexuel qui tombe en amour avec une femme. Dans le rôle principal de *Object of my Affection* (écrit par Wendy Wasserstein), Keanu travaillerait aux côtés de Uma Thurman (sa partenaire de *Dangerous Liaisons*), qui interprète le rôle de la femme qui est l'objet de son affection. La participation du réalisa-

*Il y a eu des accrochages entre Al Pacino et Keanu Reeves pendant le tournage de* Devil's Advocate.

teur Nicholas Hynter, un ancien metteur en scène vedette de la Royal Shakespeare Company, constitue la principale raison de l'intérêt de Keanu pour cette production. Après son film *The Madness of King George* (*La folie du roi George*), tiré de la pièce d'Alan Bennett, Nicholas Hynter réalise *The Crucible* (*La chasse aux sorcières*) avec Winona Ryder, Daniel Day-Lewis et John Malkovich. Mais Erwin Stoff (l'imprésario de Keanu), peut-être inquiet que ce choix de son client lui enlève son statut de héros d'action, évite de faire des commentaires sur ce nouveau rôle.

Maintenant bien engagé dans la trentaine, Keanu Reeves possède trois passions qui lui prennent presque tout son temps et son énergie: son métier d'acteur, ses motos puissantes et son groupe rock Dogstar.

Entre les tournées estivales de 1995 et de 1996 avec Dogstar, Keanu délaisse la musique quelque temps pour tourner *Chain Reaction*. Mais après le film, l'acteur revient de nouveau à Dogstar. Un disque est prévu pour 1997, après avoir été reporté deux fois. Il y aura également un CD-ROM intitulé *Quatro Formaggi* (Quatre Fromages), incluant des vidéoclips de Dogstar qu'on pourra visionner à l'ordinateur ou écouter sur un lecteur de CD. Le groupe joue aussi une fois à la boîte de nuit The Dragonfly, à Los Angeles, sous le nom d'emprunt de Sixpack. C'est un stratagème pour savoir si les gens viennent assister au concert seulement pour voir Keanu. Pour cette performance, le groupe invite des amis, y compris Alex Winter (le partenaire de Keanu dans les films de *Bill & Ted*). «Nous avons joué dans ce bar, dit Keanu, et il y avait une cinquantaine de personnes, surtout des amis. C'était drôle. Notre guitariste avait invité 19 copains. Je me suis moqué de lui, mais je suppose qu'il a bien fait parce que, sans ses invités, il n'y aurait pas eu grand monde...»

Bien que cela lui fasse manquer des occasions de rôles et en dépit des conseils d'Erwin Stoff, Keanu insiste pour continuer à jouer avec Dogstar. L'acteur explique sa démarche: «Je ne veux pas devenir une vedette rock. Ce n'est pas une deuxième carrière ou quelque chose de similaire pour moi. J'aime beaucoup jouer de la musique et être avec mes amis. Pour le moment, je ne suis qu'un joueur de basse. J'apprécie le côté physique de cette expérience, ce qu'on ressent quand on joue de la basse.» Les influences musicales de Keanu sont nombreuses: Miles Davis; Jesus and Mary Chain; Hole (avec Courtney Love, sa partenaire de *Feeling Minnesota*); Sonic Youth; Coltrane; la Symphonie No 3 de Gorecki, etc.

L'autre passion de Keanu, les motos, est responsable déjà de plusieurs accidents graves qui lui laissent, entre autres, une importante cicatrice sur la poitrine et lui causent de grandes souffrances. Avant la représentation secrète de Dogstar-Sixpack, Keanu fait une autre chute grave en moto le 27 mai 1996 sur Sunset Strip, à Los Angeles. Un examen médical, après cette collision, détermine que Keanu a une cheville cassée avec de nombreux fragments osseux, de multiples contusions et abrasions et des dents ébréchées. C'est l'accident le plus sérieux pour Keanu depuis celui de Topanga Canyon, en 1987. Il doit subir tout de suite une opération et porter un plâtre. À sa sortie de l'hôpital, il marche avec des béquilles, mais il se rend le jour même au studio pour l'enregistrement de son disque, puis au Dragonfly pour le spectacle de Dogstar.

Son métier d'acteur constitue toutefois le principal intérêt de Keanu. «J'ai eu beaucoup de chance de pouvoir interpréter tant de différents rôles dans ma carrière, confie-t-il. C'est fantastique d'avoir eu toutes ces opportunités. Je ne sais pas comment Hollywood voit ça. Tom Cruise, par contre, est davantage une vedette de cinéma selon la tradition.» Malgré ce qu'il en pense, Keanu Reeves est, sans aucun doute, une vedette de cinéma moderne. L'énorme succès remporté par *Speed* et les recettes importantes des films de *Bill & Ted* permettent à sa réputation de vedette «rentable» de survivre à des échecs comme *Johnny Mnemonic* et à des ratages ambitieux comme *Little Buddha*.

Même s'il préfère le métier d'acteur à la célébrité que celui-ci lui apporte, Keanu reconnaît que son succès a de nombreux avantages. Ainsi, ses revenus considérables lui permettent de bien prendre soin de sa sœur Kim pendant sa lutte contre le cancer. «Ça me donne la possibilité d'avoir beaucoup de liberté», admet l'acteur au sujet de son argent.

À ce point de sa carrière, Keanu envisage la possibilité de créer son propre travail, maintenant qu'il est une vedette reconnue de Hollywood. Jamais encore dans sa carrière il ne travaille avec du matériel qu'il crée spécifiquement pour lui-même, se contentant plutôt de prêter sa contribution aux créations des autres. «Si je peux inventer des histoires "cool" et obtenir de l'aide pour m'aider à les élaborer... J'aimerais bien raconter l'histoire d'Edward DeVere. Il était le comte d'Oxford au XVIIe siècle et on considère qu'il est un des auteurs possibles de l'œuvre de Shakespeare. Pour moi, ce serait fantastique de jouer ça et de mettre en lumière la vie et le théâtre élisabéthains, parce que c'est ce qui se rapproche le plus, selon moi, de la civilisation grecque. Mais je ne pense pas que personne s'y intéressera...»

S'il ne peut pas réaliser les projets qui l'intéressent, Keanu ne pourra être qu'aussi bon (ou aussi mauvais) que les personnages qu'il choisira de jouer. Il faut donc espérer que les leçons de son passé lui serviront. Il doit tenter de trouver plus de rôles comme ceux de *River's Edge, Point Break,*

*My Own Private Idaho, Speed, A Walk in the Clouds* et *Feeling Minnesota*. Dans ces films, Keanu explore avec succès des rôles très variés qu'il interprète de façon crédible: héros d'action, vedettes romantiques, personnages marginaux et bizarres... Néanmoins, il éprouvera peut-être toujours des problèmes dans des drames d'époque comme *Dangerous Liaisons, Bram Stoker's Dracula* et *Little Buddha* ou des projets étranges comme *Even Cowgirls Get the Blues, Freaked* et *Johnny Mnemonic*. Car pour Keanu, le succès provient plus de ses choix de rôles que de sa performance.

Keanu a des idées bien arrêtées sur la sélection de ses rôles: «Ce qui compte, c'est le scénario, le personnage et ceux qui travailleront au film. Ça tient à ce que je peux trouver et à ce que l'on m'offre. J'aimerais pouvoir à la fois tourner dans des films grand public ou marginaux et faire du théâtre. Ce serait bien, aussi, de jouer dans une autre langue. Je voudrais parler français, italien, grec ancien ou latin...»

Dans une réflexion sur sa carrière, Keanu confie à *Premiere*: «Je ne crois pas que j'ai été totalement différent des autres acteurs de mon âge, j'ai toujours interprété des personnages qui sont des équivalents mâles de l'ingénue féminine. J'ai presque toujours joué des innocents; c'est le thème qui revient tout au long de ma carrière. Il n'y a que quelques fois que je n'ai pas interprété de tels rôles, par exemple dans *I Love You to Death, Speed* et peut-être *My Own Private Idaho*. Le fil conducteur de ma carrière, c'est l'innocence sous différentes formes. J'estime que j'ai fait du bon travail dans certains films. Je crois que je représente un goût auquel on doit s'habituer. Je pense que mon jeu change très peu, mais certains m'apprécient et d'autres non. Plus que pour la plupart des acteurs, ma personnalité publique colore l'interprétation de mon travail.»

En outre, l'acteur reconnaît les désavantages de sa décision de protéger sa vie privée des assauts de la presse à sensation. «Rien n'est aussi ridicule qu'une rumeur qui te marie avec un homme que tu ne connais pas. C'est très, très amusant. Ce ne sont pas mes performances qui me donnent ma réputation, mais plutôt les médias. Je suis un gars un peu bizarre et je crois que j'ai été puni par ma personnalité, puis jugé à cause de ce que je suis, ou plutôt de leur perception de ce que je suis. Je suis souvent le sujet de courts articles, parce que j'utilise des mots comme "excellent". J'essaie de ne pas m'occuper de ça et de me concentrer sur mon travail et ma vie.»

Keanu Reeves est même devenu le sujet des œuvres de certains artistes, dont une série d'aquarelles intitulée «Visions de Keanu», du jeune peintre californien Keith Mayerson et exposée en 1996 au Museum of

Contemporary Art de Los Angeles. Ce dernier fait une réflexion sur le rôle que joue Keanu dans la culture contemporaine. «Il assume le rôle masculin dans des films, mais ce n'est pas une masculinité agressive comme celle de Clint Eastwood. Il est toujours passif, comme dans Speed où il se démène pour attraper les projectiles dirigés vers lui.» Et, selon lui, Keanu est toujours celui qui est séduit et non le séducteur.

La fascination médiatique dont Keanu est l'objet s'étend même au domaine universitaire. Le Art Centre College of Design de Pasadena compte un nouveau cours à ses programmes d'études en cinéma: Les films de Keanu Reeves. Le professeur Stephen Prina pense que la carrière de Keanu constitue un bon sujet d'étude et déclare: «Il possède un détachement particulier qui ne permet pas le type de relation qu'on peut entretenir avec un acteur aux méthodes conventionnelles.» Keanu considère qu'il s'agit d'un curieux rebondissement de sa carrière: «J'en ai entendu parler par quelqu'un qui a déjà fréquenté l'école pendant deux ans et qui connaît le professeur... Il enseigne habituellement l'œuvre des réalisateurs de cinéma, qu'il utilise pour amener la discussion vers divers autres sujets. Dans mon cas, il pourrait dire: "La comédie et le drame dans Bill & Ted... parlons donc de Nietzsche et de la naissance de la tragédie." Il se sert de tel film ou de tel acteur comme point de départ pour aller dans différentes directions: théoriques, philosophiques, sociologiques ou sémiotiques. On m'a dit qu'il présente ma carrière à cause de sa variété de genres et de réalisateurs. C'est amusant, je suppose, et curieux...»

Les liens étroits unissant Keanu Reeves à ses sœurs Kim et Karina (qu'on retrouve avec la tournée européenne de Dogstar en 1996) et à sa mère Patricia compensent pour lui l'absence de son père dans sa vie. Pendant l'été 1996, le père de Keanu sort de prison et voudrait bien rencontrer son célèbre fils. Samuel Reeves déclare: «J'ai donné plus d'importance aux drogues qu'à mes enfants, mais je veux être pardonné.» Toutefois, Keanu lui en veut probablement encore des souffrances qu'il a causées à sa famille et refuse de le revoir.

L'enfance de Keanu ne se passe pas dans la pauvreté, mais il éprouve, durant cette période, une grande turbulence émotive. L'acteur n'a pas de modèle paternel pendant ses années de formation, occasionnant une vie adulte bohème et sa peur des relations amoureuses. «C'est arrivé comme ça», explique Keanu au sujet de son manque de racines. Même s'il achète des résidences pour d'autres, dont sa sœur Kim, Keanu n'investit jamais lui-même dans un foyer. Il préfère plutôt vivre dans une valise pendant les tournages de films ou résider au tristement célèbre Château Marmont (là où est mort John Belushi) sur Sunset Strip, à Los Angeles. Et la vedette ne semble pas sur le point de changer ce comportement. «J'ai réussi à épurer pas mal», dit-il en parlant de son maigre bagage d'effets personnels.

Cependant, Keanu Reeves change avec le temps certaines de ses habitudes. Jamais il n'a caché ses expériences avec les drogues durant sa jeunesse, mais depuis le décès de son ami River Phoenix par surdose, il semble décidé à éviter ces substances. La mort de celui-ci est un grand choc pour Keanu et même si, pour lui, elle est le résultat d'une «erreur» ou d'un «accident», cela lui ouvre les yeux. De même, concernant sa passion dangereuse pour les motos, son accident dans Topanga Canyon et sa collision sur Sunset Strip l'amènent à ralentir un peu. Sa cheville cassée lui cause beaucoup d'ennuis pendant la tournée de Dogstar durant l'été 1996, ce dont, eu égard à son statut de vedette, il pourrait bien se passer. Tout cela indique que Keanu commence, finalement, à abandonner son image «d'écervelé».

Grand lecteur depuis longtemps (ses lectures préférées: Philip K. Dick, Dostoïevski, T.S. Eliot, les œuvres de la mythologie grecque) et, de toute évidence, plus intelligent que ne le laissent croire ses interviews, Keanu se dissimule derrière une façade hollywoodienne très pratique. «Je suis Mickey Mouse, affirme-t-il. Personne ne sait qui se cache sous le déguisement.» Mais, à mesure qu'il progressera vers la maturité dans sa carrière, il laissera probablement tomber une partie de ce masque.

«Rien n'a changé depuis mes débuts, déclare Keanu Reeves. Je passe encore des auditions, je cherche toujours du travail: le combat ne change jamais. Je lis des scénarios, j'assiste à des réunions de production. J'essaie tout simplement de bien faire mon métier et de tourner de bons films.»

## PREMIERS RÔLES

**Romeo and Juliet** (*théâtre*)

**Wolfboy** (*théâtre*)

**Hangin' In** (*série de télévision*)

**Night Heat** (*téléfilm*)

## THÉÂTRE

**Hamlet** (Winnipeg, 1995)

## FILMS

**Youngblood**
États-Unis, 1986, 109 minutes
Réalisation: Peter Markle
Scénario: Peter Markle et John Whitmore
Production: Metro-Goldwyn-Meyer/United
Artists/Guber-Peters
Distribution: Rob Lowe (Dean Youngblood),
Cynthia Gibb (Jessie Chadwick), Patrick Swayze
(Derek Sutton), Ed Lauter (Murray Chadwick), Jim
Youngs (Kelly Youngblood), Eric Nesterenko
(Blane Youngblood), George Finn (Racki),
Fionnula Flanagan (Miss McGill), Ken James
(Frazier), Peter Faussett (Huey), Walker Boone
(entraîneur adjoint), Keanu Reeves (Hiver).

**Young again** (*téléfilm*)
États-Unis, 1986, 100 minutes
Réalisation: Steven Hilliard Stern
Scénario: Barbara Hall, d'après David Simon
Production: Disney
Distribution:  Robert Urich (Michael Riley, 40
ans), Lindsay Wagner (Laura Gordon), Jack
Gilford (vieillard), Keanu Reeves (Michael Riley,
17 ans), Jessica Steen (Tracy Gordon)

**Act of Vengeance** (*téléfilm*)
États-Unis, 1986, 95 minutes
Réalisation: John Mackenzie
Scénario: Scott Spencer, d'après Trevor Armbrister
Production: Lorimar Motion Pictures
Distribution: Charles Bronson (Jock Yablonski),
Ellen Burstyn (Margaret Yablonski), Wilford
Brimley (Tony Boyle), Hoyt Axton (Silous
Huddleston), Robert Schenkkan (Paul Gilly), Ellen
Barkin (Annette Gilly), Keanu Reeves (Buddy
Martin)

**Under the Influence** (*téléfilm*)
États-Unis, 1986, 100 minutes
Réalisation: Thomas Carter
Scénario: Joyce Reberta-Burditt
Production: CBS Entertainment Productions
Distribution: Andy Griffith (Noah Talbot), Season
Hubley (Ann Talbot Simpson), Paul Provenza
(Stephen Talbot), Keanu Reeves (Eddie Talbot),
William Schallert (Cade), Joyce Van Patten (Helen
Talbot)

**Trying Times: Moving Day** (PBS)
États-Unis, 1986, 60 minutes

**Brotherhood of Justice** (*téléfilm*)
États-Unis, 1986, 97 minutes
Réalisation: Charles Braverman
Scénario: Jeffrey Bloom, d'après Noah Jubelirer
Production: Margot Winchester Productions
Distribution: Keanu Reeves (Derek), Kiefer
Sutherland (Victor), Lori Loughlin (Christie), Joe
Spano (Bob Grootemat), Darren Dalton (Scottie),
Evan Mirrand (Mule), Don Michael Paul (Collin),
Gary Riley (Barnwell), Billy Zane (Les), Danny
Nucci (Willie), Danny De La Paz (Carlos)

## Babes in Toyland (téléfilm)
États-Unis, 1986, 150 minutes
Réalisation: Clive Donner
Scénario: Paul Zindel, d'après Victor Herbert et Glen McDonough
Production: Neil T. Maffeo/Bavaria Film Studios
Distribution: Drew Barrymore (Lisa Piper), Richard Mulligan (Bernie/Barnaby Barnacle), Eileen Brennan (Mrs Piper/Widow Hubbard), Keanu Reeves (Alex/Jack Be Nimble), Pat Morita (The Toymaster), Jill Schoelen (Margaret/Mary Contrary)

## Flying
Canada, 1986, 94 minutes
Réalisation: Paul Lynch
Scénario: John Sheppard
Production: Brightstar Films
Distribution: Olivia D'Abo (Robin), Rita Tushingham (Jean), Keanu Reeves (Tommy), Jessica Steen (Cindy), Rene Murphy (Leah)

## River's Edge
États-Unis, 1986, 99 minutes
Réalisation: Tim Hunter
Scénario: Neal Jimenez
Production: Hemdale Film Corporation
Distribution: Crispin Glover (Layne), Keanu Reeves (Matt), Ione Skye Leitch (Clarissa), Roxana Zal (Maggie), Daniel Roebuck (Samson), Tom Bower (Bennett), Constance Forslund (Madeleine), Leo Rossi (Jim), Jim Metzler (Burkewaite), Dennis Hopper (Feck)

## Permanent Record
États-Unis, 1988, 91 minutes
Réalisation: Marisa Silver
Scénario: Jarre Fees, Larry Ketron et Alice Liddle
Production: Paramount Pictures
Distribution: Alan Boyce (David Sinclair), Keanu Reeves (Chris Townsend), Michelle Meyrink (M.G.), Jennifer Rubin (Lauren), Pamela Gidley (Kim), Michael Elgart (Jake), Richard Bradford (Leo Verdell), Barry Corbin (Jim Sinclair), Kathy Baker (Martha Sinclair)

## The Night Before
États-Unis, 1988, 85 minutes
Réalisation: Tom Eberhardt
Scénario: Tom Eberhardt et Gregory Scherik
Production: Kings Road Entertainment/Zealcorp Productions Limited
Distribution: Keanu Reeves (Winston Connelly), Lori Loughlin (Tar Mitchell), Theresa Saldana (Rhonda), Trinidad Silva (Tito), Suzanne Snydes (Lisa), Morgan Lofting (Mom), Gwil Richards (Dad), Michael Greene (Captain Mitchell)

## The Prince of Pennsylvania
États-Unis, 1988, 91 minutes
Réalisation: Ron Nyswaner
Scénario: Ron Nyswaner
Production: New Line Cinema
Distribution: Fred Ward (Gary Marshetta), Keanu Reeves (Rupert Marshetta), Bonnie Bedelia (Pam Marshetta), Amy Madigan (Carla Headlee), Jeff Hayenga (Jack Sike), Tracey Ellis (Lois Sike)

## Dangerous Liaisons (Les Liaisons dangereuses)
États-Unis, 1988, 120 minutes
Réalisation: Stephen Frears
Scénario: Christopher Hampton, d'après Choderlos de Laclos
Production: Lorimar Film Entertainment/NFH Productions/Warner Brothers
Distribution: Glenn Close (marquise de Merteuil), John Malkovich (vicomte de Valmont), Michelle Pfeiffer (madame de Tourvel), Swoosie Kurtz (madame de Volanges), Keanu Reeves (chevalier Darceny), Mildred Natwick (madame de Rosemonde), Uma Thurman (Cécile de Volanges)

## Parenthood (Portrait craché d'une famille modèle)
États-Unis, 1989, 124 minutes
Réalisation: Ron Howard
Scénario: Lowell Ganz, Ron Howard et Babaloo Mandel
Production: Universal Pictures
Distribution: Steve Martin (Gil), Mary Steenburger (Karen), Dianne Wiest (Helen), Jason Robards (Frank), Rick Moranis (Nathan), Tom Hulce (Larry), Martha Plimpton (Julie), Keanu Reeves (Tod), Harley Kozak (Susan), Dennis Dugan (David Brodsky), Leaf Phoenix (Garry)

## I Love You to Death (Je t'aime à te tuer)
États-Unis, 1989, 96 minutes
Réalisation: Lawrence Kasdan
Scénario: John Kostmayer
Production: Chestnut Hill/TriStar
Distribution: Kevin Kline (Joey), Tracey Ullman (Rosalie), Joan Plowright (Nadja), River Phoenix (Devo Nod), William Hurt (Harlan), Keanu Reeves (Marlon), James Gammon (lieutenant Schooner), Victoria Jackson (Lacey), Miriam Margolyes (mère de Joey)

## Bill & Ted's Excellent Adventure

États-Unis, 1989, 90 minutes
Réalisation: Stephen Herek
Scénario: Chris Matheson et Ed Solomon
Production: DeLaurentiis Entertainment
Group/Nelson Entertainment
Distribution: Keanu Reeves (Ted Logan), Alex
Winter (Bill S. Preston), George Carlin (Rufus)

## Life Under Water (téléfilm)

États-Unis, 1989, 90 minutes
Réalisation: Jay Holman
Scénario: Richard Greenberg
Production: American Playhouse
Distribution: Keanu Reeves, Sarah Jessica Parker,
Haviland Morris, Joanna Gleason, Stephen
McHattie

## Tune in Tomorrow
## (Tante Julia et le scribouillard)

États-Unis, 1990, 102 minutes
Réalisation: Jon Amiel
Scénario: William Boyd, d'après Mario Vargas
Llosa
Production: Cinecom International/Odyssey/Polar
Entertainment Corporation
Distribution: Barbara Hershey (tante Julia), Keanu
Reeves (Martin Loader), Peter Falk (Pedro
Carmichael), Bill McCutcheon (Puddler), Patricia
Clarkson (tante Olga), Richard Portnow (oncle
Luke), Jerome Dempsey (Sam et Sid), Richard B.
Shull (Leonard Pando)

## Point Break
## (Extrême limite)

États-Unis, 1991, 122 minutes
Réalisation: Kathryn Bigelow
Scénario: Peter Iliff et Rick King
Production: Largo Entertainment
Distribution: Patrick Swayze (Bodhi), Keanu
Reeves (Johnny Utah), Gary Busey (Pappas), Lori
Petty (Tyler), John C. McGinley (Ben Harp), James
LeGros (Roach), John Philbin (Nathaniel)

## My Own Private Idaho
## (Idaho)

États-Unis, 1991, 102 minutes
Réalisation: Gus Van Sant
Scénario: Gus Van Sant
Production: New Line Cinema
Distribution: River Phoenix (Mike Waters), Keanu
Reeves (Scott Favor), James Russo (Richard
Waters), William Richert (Bob Pigeon), Rodney
Harvey (Gary), Flea (Budd), Grace Zabriskie
(Alena), Udo Kier (Hans)

## Bill & Ted's Bogus Journey
## (Le prétendu voyage de Bill et Ted)

États-Unis, 1991, 98 minutes
Réalisation: Peter Hewitt
Scénario: Chris Matheson et Ed Solomon
Production: Columbia Pictures/Interscope
Communications
Distribution: Keanu Reeves (Ted Logan), Alex
Winter (Bill S. Preston), William Sadler (Grim
Reaper), Joss Ackland (De Nomolos), Pam Grier
(Ms Wardrobe), George Carlin (Rufus)

## Bram Stoker's Dracula
## (Dracula)

États-Unis, 1992, 123 minutes
Réalisation: Francis Ford Coppola
Scénario: James V. Hart, d'après Bram Stoker
Production: Columbia Pictures/American
Zoetrope/Osiris Films
Distribution: Gary Oldman (Dracula), Winona
Ryder (Mina Murray/Elisabeta), Anthony Hopkins
(Van Helsing/Chasseur de vampire), Keanu Reeves
(Jonathan Harker), Richard E. Grant (Dr Jack
Seward), Cary Elwes (Lord Arthur Holmwood),
Bill Campbell (Quincy P. Morris), Sadie Frost
(Lucy Westenra), Tom Waits (R.M. Renfield)

## Freaked

États-Unis, 1993, 86 minutes
Réalisation: Alex Winter et Tom Stern
Scénario: Tim Burns, Alex Winter et Tom Stern
Production: Pandora/20th Century Fox
Distribution: Alex Winter (Ricky Coogin), Brooke
Shields (Skye Daley), Randy Quaid (Elijah C.
Skuggs), Mr. T. (Bearded Lady), Keanu Reeves
(Dog Boy)

## Much Ado About Nothing
## (Beaucoup de bruit pour rien)

États-Unis, 1993, 111 minutes
Réalisation: Kenneth Branagh
Scénario: Kenneth Branagh, d'après William
Shakespeare
Production: BBC/Renaissance Films/Samuel
Goldwyn Company
Distribution: Kenneth Branagh (Benedict), Michael
Keaton (Dogberry), Robert Sean Leonard
(Claudio), Keanu Reeves (Don John), Emma
Thompson (Beatrice), Denzel Washington (Don
Pedro), Richard Briers (Leonato), Kate Beckinsale
(Hero)

## Little Buddha
## (Petit Bouddha)

États-Unis, 1993, 140 minutes
Réalisation: Bernardo Bertolucci
Scénario: Bernardo Bertolucci, Mark Peploe et
Rudy Wurlitzer
Production: CiBy 2000
Distribution: Keanu Reeves (Siddhartha), Ying
Ruocheng (Lama Norbu), Chris Isaak (Dean
Conrad), Bridget Fonda (Lisa Conrad), Alex
Wiesendanger (Jesse Conrad)

## Even Cowgirls Get the Blues
## (Même les cow-girls ont
## le vague à l'âme)

États-Unis, 1994, 123 minutes
Réalisation: Gus Van Sant
Scénario: Gus Van Sant, d'après Tom Robbins
Production: Fourth Vision/New Line Cinema
Distribution: Uma Thurman (Sissy Hankshaw),
Lorraine Bracco (Dolores Del Ruby), Angie
Dickinson (Mlle Adrian), Rain Phoenix (Bonanza
Jellybean), John Hurt (la Comtesse), Keanu Reeves
(Julian), Noriyuki Pat Morita (Chink), Sean Young
(Marie Barth), Crispin Glover (Howard Barth)

## Speed I
## (Clanches!)

États-Unis, 1994, 116 minutes
Réalisation: Jan De Bont
Scénario: Graham Yost (et Joss Whedon)
Production: 20th Century Fox
Distribution: Keanu Reeves (Jack Traven), Dennis
Hopper (Howard Payne), Sandra Bullock (Annie),
Joe Morton (capitaine McMahon), Jeff Daniels
(Harry Temple), Alan Ruck (Stephens)

## Johnny Mnemonic

États-Unis, 1995, 103 minutes
Réalisation: Robert Longo
Scénario: William Gibson
Production: Cinevision/Alliance
Communications/TriStar
Distribution: Keanu Reeves (Johnny Mnemonic),
Dina Meyer (Jane), Ice-T (J-Bone), Beat Takeshi
Kitano (Takahashi), Denis Akiyama (Shinji), Dolph
Lundgren (prêcheur), Henry Rollins (Spider),
Barbara Sukowa (Anna Kalmann), Udo Kier
(Ralphy), Tracy Tweed (Pretty)

## A Walk in the Clouds
## (La vallée des nuages)

États-Unis, 1996, 102 minutes
Réalisation: Alfonso Arau
Scénario: Robert Mark Kamen, Mark Miller et
Harvey Weitzman
Production: 20th Century Fox/Zucker Brothers
Productions
Distribution: Keanu Reeves (Paul Sutton), Aitana
Sanchez-Gijon (Victoria Aragon), Anthony Quinn
(Don Pedro Aragon), Angelica Aragon (Marie Jose
Aragon), Evangelina Elizondo (Guadalupe
Aragon), Freddy Rodriguez (Pedro Jr.), Debra
Messing (Betty Suton)

## Feeling Minnesota
## (Minnesota Blues)

États-Unis, 1996, 90 minutes
Réalisation: Steven Baigelman
Scénario: Steven Baigelman
Production: Fine Line/Jersey Films
Distribution: Keanu Reeves (Jjaks Clayton),
Vincent D'Onofrio (Sam Clayton), Cameron Diaz
(Freddie), Dan Ackroyd (Ben Costikyan),
Courtney Love (serveuse), Tuesday Weld (Norma
Clayton)

## Chain Reaction
## (Réaction en chaîne)

États-Unis, 1996, 106 minutes
Réalisation: Andrew Davis
Scénario: Michael Bortman, Josh Friedman,
J.F. Lawton, Arne Schmidt et Rick Seaman
Production: 20th Century Fox/Chicago Pacific
Entertainment
Distribution: Keanu Reeves (Eddie Kasalivich),
Rachel Weisz (Lily Sinclair), Morgan Freeman
(Paul Shannon), Fred Ward (Ford), Kevin Dunn
(Doyle), Brian Cox (Lyman Earl Collier), Joanna
Cassidy (Maggie)

## The Last Time I Committed Suicide

États-Unis, 1997, 95 minutes
Réalisation: Stephen Kay
Scénario: Stephen Kay, d'après Neal Cassady
Distribution: Thomas Jane (Neal Cassady), Keanu
Reeves (Harry), Adrien Brody (Ben), Christopher
Lloyd (Jerry), Marg Helgenberger (Lizzy),
Gretchen Mol (Cherry Mary), Claire Forlani (Joan),
Lucinda Jenney (Rosie)

## Devil's Advocate

États-Unis, 1997, 110 minutes
Réalisation: Taylor Hackford
Scénario: Jonathan Lemkin et Tony Gilroy, d'après
Andrew Neiderman
Production: Warner Brothers/New Regency/3 Arts
Distribution: Keanu Reeves, Al Pacino